Udo Hahn (Hg.)

Das kleine ABC des Predigthörens

Was eine gute Predigt auszeichnet

Bibliografische Information Der Deutschen Bibliothek

Die Deutsche Bibliothek verzeichnet diese Publikation in der Deutschen
Nationalbibliografie; detaillierte bibliografische Daten sind im Internet
über http://dnb.ddb.de abrufbar.

Originalausgabe

Satz (Garamond 11 auf 13,5) mit WordPerfect für Windows 10:
Kirsten Blanck, Bonn
Winrich C.-W. Clasen, Rheinbach

Papier (Munken Print, 90 g/m², 1,8f. Vol.):
Stora Enso, Helsinki

Umschlagabbildung:
Kanzel der Pfarrkirche St. Pantaleon, Unkel
Winrich C.-W. Clasen, Rheinbach

Umschlaggestaltung:
Lina C. Schwerin, Hamburg

Scans und Umschlaglitho:
CMZ-Verlag, Rheinbach

Gesamtherstellung:
Johannishof Druck- und Verlagsges. mbH, Konstanz / Preses Nams, Riga

ISBN 3-87062-062-5

20031119

www.cmz.de

Gedruckt mit freundlicher Unterstützung von:
Verlag für die Deutsche Wirtschaft AG, Bonn

Inhaltsverzeichnis

Vorwort

Was zeichnet eine gute Predigt aus? Welche Botschaft will der Prediger/die Predigerin vermitteln? Wie kann man theologisch gehaltvoll, biblisch fundiert und glaubwürdig predigen? Was kann eine Predigt zur ethischen Orientierung in der Gesellschaft beitragen? Und nach welchen Kriterien beurteilen Predigthörerinnen und -hörer eine Predigt? Diese Fragen und Kriterien stehen im Mittelpunkt, wenn die Jurymitglieder Jahr für Jahr beraten, wer den »Predigtpreis« des Verlags für die Deutsche Wirtschaft AG (Bonn) erhalten soll. Dieses Buch ist aus der Arbeit der Jury erwachsen. Anhand ausgewählter Beispiele aus dem Kreis der Preisträgerinnen und Preisträger soll deutlich werden, wie Predigten heute gehört werden und welche Rückschlüsse sich für Predigerinnen und Prediger daraus ergeben.

Reinhard Schmidt-Rost untersucht bei dem Kabarettisten *Hanns Dieter Hüsch* den Zusammenhang von Humor und Glaube. *Jochen Cornelius-Bundschuh* zeigt, wie bei dem Rhetorikprofessor *Walter Jens* die Interpretation biblischer Texte zu einem Sprachfeuerwerk werden kann. Wie man volksnah und populär predigt, erläutert *Jürgen Werbick* an Predigten des katholischen Bischofs *Joachim Wanke*.

Cornelia Coenen-Marx beschreibt anhand einer Predigt von Landesbischöfin *Margot Käßmann*, wie man politisch predigen kann. Die Spezifika einer ansprechenden Weihnachtspredigt erläutert *Reinhard Schmidt-Rost* am Beispiel eines Textes von *Thomas Meurer*. Wie man Jugendliche ansprechen kann, ohne sich anzubiedern, zeigen *Karsten Matthis* und *Reinhard Schmidt-Rost* an einer Predigt von *Ralf Ruckert* auf. *Helmut S. Ruppert* und *Reinhard Schmidt-Rost* erläutern, wie es *Klaus Eulenberger* und *Tina Willms* gelingt, im Hörfunk kurz und überzeugend zu predigen.

Im Interview erklärt der Pantomime *Samy Molcho*, warum auch der Körper mitpredigt; im Gespräch mit Regionalbischöfin *Susanne Breit-Keßler* geht es um die Frage, ob Frauen anders predigen; und Pater *Heribert Arens* OFM legt im Interview dar, worin sich die Predigten evangelischer Pfarrer von denen ihrer katholischen Kollegen unterscheiden.

Das Buch schließt mit einem Beitrag von *Karsten Matthis* über die Entstehung des Predigtpreises und seine Preisträgerinnen und Preisträger. Mit der Präsentation gelungener Deutungen biblischer Texte will dieser Band zeigen, daß Predigen eine unverzichtbare Kulturleistung ist. Er wendet sich gleichermaßen an Predigerinnen und Prediger – ob hauptoder ehrenamtlich im Dienst der Kirchen – sowie an ihre Hörerinnen und Hörer.

Der Dank von Herausgeber und Verlag geht an den *Verlag für die deutsche Wirtschaft AG*, ohne dessen großzügige Unterstützung die Drucklegung des vorliegenden Buches nicht möglich gewesen wäre.

Rethmar bei Hannover, im August 2003   *Udo Hahn*

Dero Narren lache Ich Allenn
Denn nur Irn Kolbñ thun gefallen

Reinhard Schmidt-Rost

Gott an der Rezeption
Die frohe Botschaft des Hanns Dieter Hüsch

Belehrt, bewegt, belustigt sei der Hörer durch eine Rede – so verlangt es die Rhetorik seit der Antike. Das erwarte ich auch als Hörer einer christlichen Predigt, nicht nur Belehrung über den Lauf der Welt und das Reich Gottes. Das Vorurteil, Predigt beschwere, weil sie belehre, läßt sich zwar aus Geschichte und Gegenwart reichlich belegen, aber das muß der Sache nach nicht sein.

Das Evangelium, das doch jede Predigt mir nahe bringen will, wehrt sich mit Szenen voller Humor dagegen, das Schwere und Leidvolle noch schwerer zu machen: Die sprechende Schlange, die Tierpärchen in Noahs Arche, die Witwe, die den Richter bedrängt, um Recht zu bekommen, die Hausfrau, die den verlorenen Groschen findet, der Junge, der bei der Predigt des Paulus einschläft und vom Dachgarten fällt, das Fischerboot, das am Fang fast untergeht – das Evangelium, die fröhliche Botschaft, lächelt mir auch dort zu, wo es das Leben ganz ernst nimmt, spielt und feiert mit den Menschen auch noch im Schatten des Todes, bei Lazarus etwa und seinen eifrigen Schwestern Maria und Martha.

Und so warte ich bei jeder Predigt auf die unterhaltsamen Passagen, die witzigen Wortspiele, die geistreichen Vergleiche, die auch zu lachen und nicht nur zu denken geben, was schon viel ist; ich freue mich über jedes gelungene Bild, das mir den Sachverhalt aufklärt und die Erinnerung vertieft.

Daß das auch heute geht, mit leichter Rede über die fröhliche Botschaft die Hörer zu bewegen und zu unterhalten, und sie zugleich zu belehren, aber nicht mit einem »Evangelium light«, sondern mit der »guten Botschaft« in ihrer ganzen Tiefe, lustig, aber nicht banal, fröhlich,

11

aber nicht simpel, dafür ist mir *Hanns Dieter Hüsch* ein wichtiger Zeuge. Er spielt mit mir als seinem Hörer und Leser zu meinem Vergnügen immer wieder das alte Kinderspiel: »Ich sehe was, was du nicht siehst«, aber es geht nicht um Farben, sondern um Merkmale der Menschen, Wesenszüge der Welt – und Geheimnisse Gottes: Ich sehe was, was du nicht siehst … und das ist … (z. B.) lästig oder lustig und manchmal beides zugleich.

Ich sehe was, was du nicht siehst – wenn du davor die Augen schließt.
»Das ist doch keine Predigt! Das ist Theater!«– meinten Studierende im homiletischen Proseminar, anonym konfrontiert mit dem nachfolgenden Text:

ZEITANSAGE – Predigt

Liebe Mitmenschen,
Freunde und Freundinnen,
Lebendige und Sterbliche,
Brüder und Schwestern mit Christus,

ich freue mich, Euch alle wiederzusehen und habe mir für diese Stunde, in der wir wieder einmal zusammen sein können, vier konkrete Menschengeschichten aus unserer Zeit mitgebracht, Gedankengänge und Augenblicke aus unserem Leben, Momentaufnahmen, kleine winzige Zeitstücke, wie wir sie fast täglich alle erleben, wie wir sie weiter erzählen oder vergessen, wie wir sie oft als unwichtig betrachten und schleunigst ad acta legen, aber auch wie sie uns treffen und bewegen.

Und ich möchte diese Geschichten gerne weitererzählen, weiß ich doch, daß es eben nicht nur meine Geschichten, sondern die Geschichten von uns allen sind. Und immer geht es dabei um das ewige Thema mit Variationen um die uralte Krankheit, Belehrung oder Anteilnahme, Verurteilung oder Liebe, Zorn oder Zärtlichkeit, Rache oder Versöhnung, Strafe oder Trost.

Von den meisten Menschen erfährt man ja gar nicht, wie es ihnen geht, und man kann auch nicht jeden einzelnen fragen – so viel Lebenszeit haben wir ja nicht. Aber manchmal erfährt man von dem einen, wie es dem anderen geht und umge-

*kehrt von dem anderen, wie es dem einen geht. Das hört sich vielleicht etwas ko-
misch an und ist es auch. Neulich habe ich das ganz genau erlebt, und zwar hielt
jeder den anderen für völlig verloren. Das haben Sie gewiß auch schon erlebt, daß
zwei Menschen ganz verschieden leben und sich gegenseitig für völlig verloren halten.*

BEGEGNUNG
Also, man begegnet einem und der sagt: »*Gut, daß ich Sie mal treffe, ich wollte
mich nämlich schon lange mal mit Ihnen über den Heinz unterhalten.*«

   Ich sage: »*Heinz, Heinz, Heinz, Heinz, Heinz? – ich kenne viele, die Heinz
heißen. Meinen Sie vielleicht den, der früher bei Radio Brummer in der Schallplat-
tenabteilung war? Der ist, glaube ich, jetzt Discjockey im Flamingo-Keller, meinen
Sie den?*«

   »*Nein, nein, den meine ich eigentlich nicht. Ich meine den Heinz, den kennen
Sie doch auch, der damals bei Stratmann & Buschkötter in der Herrenausstatterabteilung gelandet ist, der war doch auch mal Dressman. Mit dem waren wir doch
früher immer so viel zusammen, und der macht doch jetzt schwer auf Verkaufschef
der ersten Etage, also, so was von angepaßt, sage ich ihnen, ich halte ihn für völlig
verloren. Weil, ich fand ihn nämlich ganz sympathisch und dachte immer, das ist
einer von uns. Von der ganzen Art her – schade, also wirklich schade, wenn man
dann so oberflächlich wird. Schmeißt sein Leben so mir nichts, dir nichts dem
Mammon in den Rachen. Also, ich halte ihn jedenfalls für völlig verloren.*«

   »*Ja, was soll ich dazu sagen?*«, *habe ich da gesagt.*

   »*Ja, ich meine ja nur, ich meine, so könnte ich nicht leben.*«

   »*Müssen Sie ja auch nicht*«, *habe ich da gesagt.*

   »*Ja, Gott sei Dank*«, *sagte er da und schwieg.*

   *Ein paar Tage später treffe ich zufällig den Heinz, den besagten Heinz aus der
Herrenausstatterabteilung bei Stratmann & Buschkötter. Und da sagt er zu mir:*
»*Gut, daß ich Sie mal treffe. Ich wollte mich so lange mal mit ihnen über den Peter
unterhalten. Den kennen sie doch sicher.*«

   Ich sage: »*Peter, Peter, Peter, Peter? – Ich kenne viele, die Peter heißen. Meinen
Sie vielleicht den, der früher bei der Sparkasse war und dann zur Marine gegangen
ist?*«»*Nein, nein, den meine ich nicht, ich meine den Peter, mit dem waren wir doch
früher immer so viel zusammen, der hatte doch die hübsche Schwester, der wollte*

doch immer ans Theater oder wollte doch immer Musik machen und tingelt doch heute immer noch so rum.«

»Ach, den Peter meinen Sie, ja, den habe ich gerade noch vor ein paar Tagen getroffen.«

»Ja, den meine ich, also, habe ich mich vorgestern erschrocken, der ist ja völlig verwahrlost. Also, den halte ich für regelrecht gefährdet, daß der im Leben unter die Räder kommt. Wie kann man sich nur so gehen lassen, der ist ja völlig verloren, also so könnte ich nicht leben!«

»Müssen Sie ja auch nicht«, sagte ich.

»Na, Gott sei Dank«, sagte er und schwieg.

Aber so liegen eben Menschen, Familien und ganze Völker ständig auf der Lauer, beobachten und bezichtigen sich, halten sich gegenseitig für völlig verloren – seit Kain und Abel.[1]

Die Einleitung wurde noch als Predigt akzeptiert, aber die »Begegnung«, diese hintersinnig-spitze Humoreske aus Selbst- und Fremdbeobachtung, hielten die Studenten für gutes Kabarett, nicht aber für eine Predigt. Dabei hat diese Miniatur alles, was ich von einer guten, fröhlichen Predigt erhoffe: Der Hörer wird beteiligt, und das nicht nur zum Schein; er wird als Zeuge aufgerufen, nach seinen Erfahrungen befragt: »Das haben Sie doch auch schon erlebt?!« Und dann wird er überrascht: »Sehen Sie, so machen Sie es doch auch – oder nicht?« Die unscheinbare Szene, alltäglich, an jeder Straßenecke möglich, wird zum Tribunal, der Zeuge wird zum Angeklagten: »Richten nicht alle über den Lebensstil ihrer Mitmenschen?« Aber die Entlastung bleibt nicht aus: So sind die Menschen, so eng, so fixiert auf sich selbst – und Gott bemüht sich immer wieder, sie von sich selbst zu lösen, zur Freiheit zu rufen, zu erlösen, seit Kain nicht sterben mußte, die Sühne für den Mord ausblieb.

Im Lächeln über die »alten Freunde« und über die Ängste und Abwehrhaltungen, Auswegslosigkeiten und Allmachtsphantasien, wie sie

1. Hanns Dieter Hüsch, *Das Schwere leicht gesagt*, 83ff.

jeder einzelne bei sich selbst nur zu gut kennt, aber nicht gerne anerkennt, wächst die Bereitschaft, die eigene Enge nicht zu verdrängen, wächst die Geduld mit den Unterschieden, die Nachsicht gegenüber den ganz anders und – nach eigener Auffassung – krumm verlaufenden Lebensgeschichten.

Und während ich noch schmunzele, habe ich das Lehrstück von der Erbsünde neu gelernt: Daß ich von mir und meinen Maßstäben nicht loskomme und andere an meinen Maßstäben messe, sie danach richte und gelegentlich aburteile, das meint die alte christliche Lehre von der Erbsünde, die sich leicht in gegenwärtige Erfahrung übertragen läßt, wie dieses Beispiel zeigt.

Nicht immer aber geschieht die Einweisung in die Erbsündenlehre so freundlich, ja charmant wie bei Hanns Dieter Hüsch, der das Wort des Apostels beherzigt:»Weißt du nicht, daß dich Gottes *Güte* zur Buße leitet?« (Römer 2, 4)

Ich sehe was, was du nicht siehst, bis Gott sich dir von selbst erschließt.
»Gottes Wort ist konfessionslos. Wenn Gott sich in einem Hotel eintragen müßte, er wüßte wahrscheinlich gar nicht, was er unter ›Konfession‹ schreiben sollte«, sagte Hüsch in einer anderen Predigt.

Diese Sätze können einen überrumpeln! Wer hätte schon gleich darüber nachgedacht, ob die Konfession an der Rezeption wirklich gefragt wird; später dann dämmert es: Nicht im Hotel muß man sich zu seiner Konfession bekennen, gastfreundliche Hotels rücken ihren Gästen nicht mit derart persönlichen Fragen auf den Leib, sondern beim Finanzamt.

Aber schön ist die Szene zweifellos: Alle konfessionellen Unterschiede sind aufgehoben, für einen gar nicht so kleinen Augenblick, mindestens drei Wimperschläge lang, und das könnte reichen für eine aktuelle Versöhnung bei aller bleibenden Verschiedenheit; solche Sätze übermalen die konfessionellen Unterschiede mit mildem Humor: Gott soll sich bekennen, in die Schuhschachtel unserer Bekenntnisse kriechen wie ein gefangener Maikäfer? Da lachen die Legionen von Engeln,

15

die Jesus nicht zu Hilfe gerufen hat.

Gott ist konfessionslos, und seine Kinder brauchen sich deshalb auch nicht binden lassen von der Enge der Konfessionen; aber sie sollen sich auch nicht darüber grämen, daß sie als begrenzte, endliche Menschen eben Wurzeln brauchen, Konfessionen sind wie Wurzeln, nicht weniger, aber auch nicht mehr. Gott ist konfessionslos, weil er allein alle Konfessionen in einem Bekenntnis vereint: Er bekennt sich zu allen Menschen – in ihren Unterschieden!

Aber das sehen nicht alle so! Sie sehen die Güte Gottes nicht, die gerade darin besteht, daß sie *allen* Menschen gilt, keinen ausschließt. Es hat auch Zeiten gegeben – und sie scheinen immer wieder zu kommen –, da man Gott nahe legte, er solle sich nur zu einzelnen Völkern bekennen und ihre Waffen segnen. Er solle sich an Orte und Sitten binden, an Gottesdienstformen und theologische Auffassungen. So viel bedrohliche Ernsthaftigkeit kann man nur mit Humor überwinden.

Die zentrale christliche Glaubensaussage, daß Gott sich zu allen Menschen bekennt, erschließt sich selbst den Christen nicht so leicht; und man kann sie nicht aufzwingen, dann wäre sie schon verdorben, ehe sie sich eröffnet hätte. Ich fasse sie am besten, wenn sie mir spielerisch nahe kommt, wie in einem Kinderspiel – oder in einem schwungvollen Lied: »Schau an, der schönen Gärten Zier und siehe, wie sie mir und dir sich ausgeschmücket haben.« Die Güte Gottes in der Gestalt der Gärten oder der ganzen Welt in ihrer bunten Vielfalt, mir und dir geschenkt – aus solchen Beobachtungen wachsen fröhliche Predigten, die mich bewegen, belehren und belustigen, aus Waffen und Krieg aber wächst nur Tod.

Ich sehe was, was du erst siehst, wenn auch in dir die Hoffnung sprießt. Manchmal treibt Hanns Dieter Hüsch die Unterhaltung über die Welt und Gott ein bißchen weit, wenn er Gottes Entgegenkommen buchstäblich vorführt – ihn im Himmel besucht und dann mit ihm auf einem Fahrrad nach Dinslaken fährt. Das würden sicher nicht alle Gemeindeglieder in einer Predigt ertragen. Ich finde diese Respektlosigkeit erfrischend; wo sonst in den christlichen Gemeinden kaum noch jemand wagt, das Wort »Gott« ohne Skrupel in den Mund zu nehmen und im Alltag auszusprechen, da gehe ich als Hörer und Leser gerne in Gedanken mit Gott auf eine Fahrrad-Tour.[2]

Die fröhliche Unbefangenheit, die geradezu göttliche Naivität läßt Hüschs Humor zum luftigen Medium des Evangeliums werden. Dazu gehört dann allerdings auch die Klarsicht, mit der er bewährte Lebensstrategien umkehrt (»Teile und herrsche – nicht!«[3] Gegen das »Divide et impera« römischer Strategen), die Behutsamkeit, mit der er seine Wünsche für eine bessere Welt formuliert (»Solln wir sie lieben, diese Welt, solln wir sie lieben? Ich möchte sagen, wir wollen es üben!«[4]), die freundliche Buntheit und tiefe Einsicht, mit der er Gottes Segen über den Menschen ausspricht ...

Gott, der Herr, möge uns Jesus Christus
an unsere runden Tische setzen,
auf daß wir ihm auf unseren Gedankengängen begegnen,
und ohne Furcht die Weltgeschichte überleben.
Jenes Flickwerk aus Eitelkeit und Ruhmsucht,
Glücksspiel und Götzendienst,
Tingeltangel und Totentanz.

Gott, der Herr, mache uns wieder anfällig
für seine Geschichte, die nicht von dieser Welt ist,
nicht erklärbar, keine Diskussionen braucht,
und uns doch tröstet, hoffen läßt, Mut macht, frohgemut macht.
Und alles in allem Kraft gibt
und uns Zuversicht schenkt.

2. Hanns Dieter Hüsch, *Wir sehen uns im Himmel wieder,* pass.

3. Hanns Dieter Hüsch, *Das Schwere leicht gesagt,* 49f.

4. Ebd., 130.

So möge Gott, der Herr,
uns über alle Zeiten und Gezeiten
hinwegführen fröhlichen Herzens,
weil wir seinen Frieden in uns tragen,
der uns mit allen und allem versöhnt,
weil seine Liebe in uns wohnt,
die uns unendlich macht,
die uns aber auch zurückholt
zu unseren Tagesresten,
zu unseren Widersprüchen,
zu unseren Konflikten,
uns zurückführt in unsere Wohnküchen,
zu unseren Schlafstätten,
an unsere Schreibtische,
an unsre Drehbänke und Reparaturwerkstätten,
in unsre Studios und Ateliers,
Kindergärten und Altersheim,
um wieder von Neuem zu beginnen,
behutsam zwar, aber um im Laufe der Zeit
immer sicherer zu werden. [5]

Solche Worte wirken durch die vielen kleinen Nuancen des Lebens.
Hier fühle ich mich als Hörer angesprochen, auch wenn mein Stand
nicht besonders genannt wird, ich gehöre dazu, wenn der Segen gesprochen wird, und ich bin dabei, wenn wir behutsam von Neuem beginnen, Verantwortung übernehmen, im neuen Jahr, in der kommenden Woche, an jedem neuen Tag.

Und dies alles, Wahrnehmen und Ansprechen, Ernstnehmen und
Freisprechen, soll um keinen Preis oberflächlich geschehen, weder mo-
ralischer Zeigefinger noch resignierende (Alters-) Weisheit: »So sind die
Menschen eben.« Ich will die eigenen Grenzen nicht in einem – un-

---

5. Ebd., 149f.

wahr – günstigen, wohl aber in einem gütigen Licht sehen als Grenzen, die überwunden sind, aber eben nicht von mir selbst, d.h.: Ich hoffe, Gott selbst steht jeden Abend an der Rezeption – und nimmt mich auf in sein Haus, ohne nach meiner Konfession zu fragen.

Feuerwerk in Orlando, Florida

Jochen Cornelius-Bundschuh

Eine Rede, nichts weiter!
Walter Jens und die Predigt

Was ist eine Predigt? »Eine Rede, nichts weiter.«[1] Walter Jens, der Lehrer der Rhetorik, beantwortet die Frage des Deutschen Pfarrertages 1976 ebenso knapp wie kritisch. Gegen jede Hypostasierung der Predigt als Gottes Wort, gegen den »wahrhaft gespenstischen Wort-Kult«[2] hält er fest: sie ist eine Rede, nichts weiter!

Das ist realistisch: die Predigt entsteht in der Nacht zum Sonntag. Mehr Zeit bleibt der Pfarrerin, dem Pfarrer oft nicht, will er nicht aufhören, »ein *Gemeinde*-Pfarrer zu sein«, »für den das Predigen eine Tätigkeit unter anderen ist«[3]. Das Wort ist der Tat, der Seelsorge, dem Unterricht und der Diakonie zu- und bei-, nicht vor- oder gar übergeordnet: es gibt keine »*unio mystica* auf der Kanzel«[4]. Die Predigtaufgabe als eine rhetorische Aufgabe zu verstehen heißt, die Praxis des Gemeindepfarramtes ernst zu nehmen – und sich zu bescheiden.

Das bedeutet einen Gewinn für die Predigt. Einen Gewinn, um den Jens in vielen seiner Reden und in seiner Lehre ringt: mehr Demokratie. Als Rede kann die Predigt kritisiert, bezweifelt und bejubelt werden, weil ein konkretes Individuum versucht, in einer konkreten Situation

---

1. Walter Jens, *Die christliche Predigt. Manipulation oder Verkündigung?*, in: ders., *Pathos und Präzision. Texte zur Theologie*, Stuttgart 2002, 71-90; hier: 76f. Der vorliegende Beitrag versucht, eine Rede von Walter Jens auf dem Kirchentag 1983 in Hannover mit den Augen der homiletischen Theorie zu lesen, die er u.a. in diesem Vortrag vor dem Deutschen Pfarrertag vorgelegt hat.

2. Ebd., 78.

3. Ebd., 77.

4. Ebd., 78.

einer konkreten Gemeinde mit einer konkreten Sprache einen biblischen Text zu veranschaulichen, zu übersetzen, ihn auszuführen – und
dafür Widerspruch erntet, Zustimmung, Kritik. Gut protestantisch: die
Predigt gehört in die Gemeinde, die das Recht hat, die Lehre zu beurteilen, die sie weiter predigt.

Mit seiner Antwort lehrt der Rhetoriker die Homiletik noch etwas
Drittes: die Predigt als Rede zu verstehen, legt offen, was sich in mancher Predigttheorie hinter dem »Deus loquitur« zu verstecken sucht:
»Die Absicht, zu ›manipulieren‹, das heißt: auf Menschen zu wirken.
Der petrinische Grundzug.«[5] Wer die Predigt als Rede versteht, will mit
ihr wirken – und ist gezwungen, sich am Niveau anderer »wirkungsin-
tentionaler Reden«[6] zu orientieren und messen zu lassen.

Die Predigt ist »eine Rede, nichts weiter!«. Allerdings fragt sich, wer
Reden (und Predigten) von Walter Jens liest, ob es nicht besser heißen
müßte: Was könnte sie mehr sein? Denn unter dem »nichts weiter« ver-
birgt sich hier eine Form voller Intensität und Kraft, die wirkt, mitreißt
und in Bewegung versetzt, die Gott unter den Hörenden zur Sprache
bringt.

Als Beispiel soll ein Text dienen, der zwanzig Jahre alt ist, der in
manchem durch die geschichtliche Entwicklung überholt scheint – und
der doch wirkt. 1983 hat Walter Jens auf dem Kirchentag in Hannover
nicht über seine beiden »Schlüsseltexte«[7] gesprochen, die Gleichnisse
vom barmherzigen Samariter und vom Weltgericht, sondern über den
Propheten Jesaja.

5. Ebd., 82.
6. Ebd.,87.
7. Vgl. K.-J. Kuschel, *Walter Jens. Literat und Protestant*, Düsseldorf 2003, 34f. und
    79-81. Der Band enthält auf den Seiten 229-239 eine hilfreiche Bibliographie
    von Arbeiten von und über Walter Jens.

Gerechtigkeit im Zeichen der Liebe[8]
Der Prophet Jesaja

Und ich werde dir wieder Richter geben wie sie am Anbeginn waren, in der ersten Zeit, und Ratsherrn: wie sie es einmal gegeben hat. Und dann wird man dich nennen: Stadt der Gerechtigkeit und Burg des Rechts, du, Gemeinschaft von Zion, die treu ist. Durch den Schiedsspruch des Rechts soll Zion erlöst werden«. Mit einer Inständigkeit, die an die Grenzen der Verzweiflung rührt, pocht der Prophet Jesaja: die Schlüssel-Worte seiner Erlösungs-Vision unentwegt wiederholend, auf den Begriffen, »Recht« und »Gerechtigkeit«, ohne die es für ihn kein Gottesreich gibt. Stirbt das Recht, dann ist auch Gott dahin, denn mit der gerechten Ordnung in der Gemeinschaft der Bürger bricht die göttliche Ordnung zusammen – und mit beiden das Heil für die Menschen.

»Gerechtigkeit« und »Heil« sind dem Propheten Synonyma, sind ein und dasselbe; das Recht Gottes ist identisch mit seiner Heilsgabe: nicht Strafe, sondern Segen und Huld. In der Gemeinschaft von Gott und Volk, die auf Gerechtigkeit gegründet ist, wird der Bund, den Jahwe mit den von ihm Erwählten geschlossen hat, zur sinnerfüllten und sinngebenden Ordnung. Darum das Insistieren des Propheten auf den Begriffen »Recht« und »Gerechtigkeit«; darum der Vergleich zwischen Israels »Brautzeit«, als das Recht noch im Regiment stand, in der Epoche des Großen Aufbruchs, und der »Hurenzeit«, wo Gerechtigkeit, preisgegeben von bestechlichen Machthabern, zur Dirne wurde; darum die Hoffnung auf die Wiederkehr eines Äons, der von Bekehrten bestimmt wird, deren Hände rein sind: rein, also unberührt von Geld, das zwischen den Rechtsbeugern getauscht wird. Nichts ohne Recht, lautet die prophetische Botschaft, aber mit ihm alles: Mit ihm die Herkunft des messianischen Königs, des Bringers künftigen Heils, auf den sich die Hoffnung der unterm Joch der Zuhälter-Herrn Seufzenden richtet; mit ihm die Verwirklichung einer weltumspannenden, das Religiöse so gut wie das Soziale umfassenden Ordnung, die von allen Bürgern, nicht nur von einem kleinen Clan der Regenten, getragen wird.

8. Walter Jens, *Gerechtigkeit im Zeichen der Liebe. Der Prophet Jesaja*; in: a.a.O. (Anm. 1), 165-171.

Die überschwengliche, in der Stunde äußerster Not und Bedrängnis geäußerte Hoffnung auf die Heimkehr des Rechts: Das ist für Jesaja das eine. Das andere: Die Abrechnung mit den Mächtigen der gegenwärtigen Zeit, die jenen Gott, der in Recht und Gerechtigkeit geheiligt werden will, zum Gespött machen und das Drohwort Jahwes mißachten, das (Jesaja 28, 17) lautet:»Ich aber will das Recht zur Richtschnur und die Gerechtigkeit zum Gewicht machen, so wird der Hagel die falsche Zuflucht wegtreiben und die Wasser den Schutzschirm davon schwemmen.«

Der Zorn des Propheten gilt Regenten, die – unbekümmert um die Folgen nach der Devise lebend: Was schert uns die kommende Sintflut? – mit dem Recht Schindluder treiben und die Gerechtigkeit in eine Klagefrau verwandeln – eine Bettlerin, die tagtäglich schreit: Was habt ihr aus mir gemacht – ihr, die ihr, um der Geschenke willen, die Gottlosen gerecht sprecht und die Frommen foltert, ihr Mörder mit euren Schandgesetzen, die die Reichen reicher und die Armen ärmer machen als sie jetzt schon sind:»Ihr beugt die Sache der kleinen Leute«, heißt es im 10. Kapitel,»und übt Gewalt am Recht der Elenden unter meinem Volk, so daß die Witwen euer Raub und die Waisen eure Beute sein müssen!«

Der Prophet Jesaja, in seinen Fluchreden an die verstockten Gewalthaber, war ein zorniger – aber, auf die Not der Mühseligen und Beladenen schauend, auch ein sanftmütiger – Mann. So gnadenlos er die Sippschaft der Mächtigen geißelt, die nur einen Gedanken verfolgen: oben hat oben und unten hat unten zu bleiben (also ganz unten Gott), so sanft wird seine Sprache, wenn er derer im Dunkel gedenkt, der Unterdrückten und Gefangenen, denen beizustehen Verpflichtung aller Menschen bleibe, die zu Gottes Rechtsgemeinschaft, dem Bund der Freien und Frommen, gehören.

Die Welt mit dem Blick auf Jahwe, der unter den Himmeln ist, anzuschauen, bedeutet für Jesaja, sie aus der Sicht der Armen zu betrachten und dementsprechend zu handeln. Da fällt, über sieben Jahrhunderte hinweg, ein Vorschein auf jenen Jesus von Nazareth, dessen Wirken, nicht anders als das Wort-Tun des Propheten Jesaja, ebenfalls von dem einen Begriff der Gerechtigkeit akzentuiert wird: Gerechtigkeit (dies hat der Theologe Peter Stuhlmacher gezeigt) ist das Fundament jener jesuanischen Lehre, die darauf abzielt, mitten in der Welt den Heilsplan eines Gottes zu verwirklichen, der nicht der Herrschende, sondern der Liebende, nicht der Strafende, sondern der Versöhnende ist und das Richtamt des Allmächtigen durch das Erbarmen dessen transzendiert, der nicht nur Vater, sondern auch Bruder sein kann: »*Denn er, Gott*«, *hat Martin Luther gesagt,* »*ist die ewige, beständige, wesende und nimmer wandelbare Gerechtigkeit selbst*«.

Gerechtigkeit im Zeichen der Liebe, von ihr bestimmt und nach ihr bemessen: unter diesem Aspekt will Jesu Eintreten für die Verfolgten und Erniedrigten, seine Gemeinschaft mit den Sündern und seine Zuneigung zu denen verstanden sein, die, nach dem Ritual der bestehenden Gesellschaftsordnung, ausgestoßen, preisgegeben und verachtet sind. Da wird eine »*neue*«, *vom Geist der Versöhnung erfüllte Gerechtigkeit als von nun an für alle Menschen guten Willens verpflichtend beschworen, aber diese* »*neue*« *Gerechtigkeit eben ist vorgezeichnet schon in der alttestamentlichen Vision des Gotteskindes, das die Welt erlösen wird, weil es, durch die Umkehr aller Werte, die Gewaltlosen selig und die Gewalttätigen schuldig sprechen wird.*

Jesus von Nazareth im lichterfüllten Schatten des Propheten Jesaja: Nein, es ist kein Zufall, daß der junge Rabbi Jeschua in der Synagoge von Nazareth gerade ein Jesaja-Wort aufschlägt, ein Wort, von dem aus sich die unterschwellige Verbindung zwischen entrückter, künftige Erfüllung vorwegnehmender Prophetie und der mit Jesus vom Möglichkeits- ins Wirklichkeitsreich tretenden Gottesherrschaft ergibt: »*Er hat mich gesandt, den Elenden zu predigen, die zerbrochenen Herzen zu verbinden, den Gefangenen die Freiheit zu verkündigen und den Gefesselten zu sagen: Die Stricke, die euch binden, werden gelöst.*«

Indem Jesus von Nazareth Jesajas Worte zitiert, klagt er eine Verkündigung ein, die auf dem Gedanken der Nächstenliebe beruht, der Hinwendung zu den Verfolgten, die getrennt von der Bürgergesellschaft gleichwohl Gottes Kerngemeinde sind: gepriesen um des Festhaltens an der Gerechtigkeit willen, die ihnen Verfolgung unter den Menschen, aber Ehre von Seiten Gottes einträgt: »*Wohl denen, die verfolgt werden, weil sie die Gerechtigkeit lieben, ihnen gehört das Reich des Himmels.*«

Hier nun freilich ist der Punkt erreicht, an dem Jesus, das Eigene lehrend, aus Jesajas Schatten heraustritt: Den Verfolgten und Gequälten Mitleid zu bezeugen und die Herren an ihrem Erbarmen (oder der Verweigerung von Erbarmen) zu messen – das hat auch der Prophet getan, wie nach ihm Jesus, aber die Dinge umzukehren, die Unteren nicht als Objekte ihnen geschuldeter Mildtätigkeit, sondern als Subjekte zu begreifen, die nicht die Bestimmten, sondern die Bestimmenden sind

– dies war erst Jesu Tat: erst er hat den ersten Schritt getan, der, über Jesaja hinaus, noch zu tun war, indem er sich, den Hungrigen, Durstigen, Heimatlosen,
Kranken, Gefangenen mit den Hungrigen, Durstigen, Heimatlosen, Kranken, Gefangenen identifizierte: »Ich sage euch, und das ist wahr: Hier! Schaut die armen
Leute an! Was ihr für einen der Geringsten unter meinen Brüdern getan habt, das
habt ihr für mich getan ... Was ihr aber nicht getan habt, das habt ihr auch für
mich nicht getan. Ewige Strafe für sie! Ewiges Leben für die Gerechten!«

Die Gerechten, immer wieder dieser eine Begriff: Gerechtigkeit, die am sicht-
barsten in der Finsternis praktiziert wird – im Gefängnis, wo einer dem anderen
ein Stück Brot zusteckt, unterm Kreuz, wo ein mildtätiger Mann den Rauschtrank
bereitet, um die Qualen des Gefolterten zu lindern, in der Todesstunde, wo die
Frauen ausharren, während die Unterzeichner der Todesurteile ihren Geschäften
nachgehen. Jesus unter den Armen: Kein Zweifel, daß man ihn, den Bruder der
Niedrigen, unter die Todgeweihten am Stadion von Santiago de Chile eingereiht
hätte, vor Jahren, als die Straßenpassanten der Soldateska ihre Hände vorzeigen
mußten – wer Schwielen hatte, war Arbeiter, Kommunist also und wurde verhaftet:
Wie hätte derjenige, dessen Hände blutig vom Tragen eines Kreuzes waren, davon-
kommen können?

Jesus, der Rebell gegen den Hochmut der Mächtigen: auserwählt, in unseren
Tagen, um von Militärdiktatoren auf die Liste der Verschollenen, Vergessenen, für
tot Erklärten gesetzt zu werden – er, ein Mann, von dem die Offiziere, die ihn den
Mordkommandos überantworteten, so reden würden wie Pontius Pilatus in der
Geschichte von Anatole France: »Jesus? Ich kann mich nicht erinnern«, sagt der
Prokurator, in Rom, ein paar Jahre nach der Exekution, »wer ist das gewesen?«

Jesus, der von sich gesagt hat: »Ich war in Gefangenschaft«, Jesus, der Unbot-
mäßige: den Herren zeigend, daß »Kirche« eins und »Bankhaus« ein anderes ist,
Jesus, der Jud, umgeben von Weihrauchschwaden aus Zyklon-B – nein, eine Chance hätte er nicht, der Komplize der Armen mitsamt seiner Gerechtigkeitsbesessen-
heit, wäre er vor vierzig Jahren wiedergekommen oder kehrte er heute zurück.

Und darum ist es unabdingbar – und theologisch gerechtfertigt, wie ein Blick
auf das Gleichnis vom Weltgericht, Matthäus 25, beweist –, in jedem Opfer politischer Willkür, hier und jetzt, sich denjenigen als Mitgeopferten vorzustellen, der
seine Existenz mit dem Elendslos der »Geringsten unter seinen Brüdern« verband.

Das aber bedeutet für uns: Wir müssen lernen, die Welt, wie sie jetzt ist, mit Hilfe von Erinnerungskraft und Phantasie, aus jener Perspektive, der Sicht Jesajas und mehr noch, Jesu anzusehen, die nicht nur die einzig christliche, sondern auch die einzig menschliche ist: aus der Sichtweise der Opfer und nicht aus dem Blickwinkel derer, die Ehrenkompanien abschreiten, bei klingendem Spiel, im Stechschritt oder vor der Kulisse von Zapfenstreichen, in Ost und West, martialische Rituale begehen und sich beim morgendlichen Gottesdienst, unter Orgelbegleitung, auf die Berechnung von Raketen-Potentialen einstimmen: Williamsburg als Negation von Nazareth!

Wenn für die Christen die Worte »Gerechtigkeit« und »Liebe«, »Recht« und »Barmherzigkeit« untrennbar zusammengehören; wenn zur Nächstenliebe als der Liebe des Nächsten und nicht der Liebe zum Nächsten auch die Feindesliebe gehört: die Liebe von uns, den Nächsten, zu den »anderen«, für die Jesus Christus gestorben ist, so gut wie für die Seinen, dann sollte ein Begriff wie »Abschreckung« für uns ein Widerwort sein, weil es dem Geist der Bergpredigt nicht nur widerspricht, sondern ihn leugnet; dann sollten wir endlich darangehen, bei jedem Schritt, den die Regierenden tun, nicht nur cui bono, *wem zunütze, sondern zunächst einmal* cui malo, *wem zu Schaden, zu fragen: Wer zahlt die Zeche? Wer sind die Opfer von Waffenlieferungen in alle Welt? Wer kommt, dank unserer Kredite, ins Elend? Was denken die alten Leute in der Sowjetunion, deren toten Kindern wir es verdanken, daß wir uns an diesem Abend unterm Kreuz versammeln dürfen und nicht unterm Hakenkreuz, was denken sie, wenn sie hören, daß ihnen die Deutschen, diesmal mit totaler Vernichtung, abermals drohen, und was denken jene, denen wir gerade heute unsere Solidarität versichern sollten, die Bausoldaten in der* DDR ... *was denken sie, wenn sie lesen, mit welcher gotteslästerlichen Hybris Christen ein Wort wie »Abschreckung« benutzen, ohne auch nur eine Sekunde lang zu bedenken, daß* deterror *(so hieße es ja wohl in der Vulgata) nicht nur dem Geist der Bergpredigt widerspricht, sondern ihn preisgibt? Was sollen, im Zeichen von Matthäus 25, diejenigen von uns, den bibellesenden Aufrüstern, halten, die in der Leipziger Thomas-Kirche das Bild des Gekreuzigten aufhängen: »Ermordet wegen Anstiftung zum Frieden?«*

»Und ich werde dir wieder Richter geben, wie sie am Anbeginn in der ersten Zeit, und Ratsherrn, wie sie es einmal gegeben hat« – ich denke, es ist nützlich, sich

anno 1983 jener alten Richter zu erinnern, wie wir sie in den Jahren nach dem Krieg hatten: Männer wie Gustav Heinemann und Heinrich Vogel, die uns lehrten, daß es nur eine einzige Politik gebe, die es verdiene, menschlich genannt zu werden: die Politik, für die das Wort Barmherzigkeit ein Markt- und Alltags- und kein Kirchen- und Frömmigkeits-Wort ist ... ein Wort, das mit dem Hineindenken in fremdes Leid zu tun hat, das morgen schon eigenes sein könnte, und mit jener Fähigkeit des Sich-Vorstellens, was Krieg, Folter und Exekution bedeuten, die, anders als zu Zeiten der alten guten Richter, heute unter der Devise »Wir sind wieder was« immer mehr abnimmt: Vorbei die Tage, da Offiziere sich nicht schämten einzugestehen, sie hätten bei Planspielen geweint, als sie der Flüchtenden innewurden, die Panzer von den Straßen wegfegten.

Hohe Zeit also, den Blick umzukehren, endlich wieder auf den Staub zu achten statt auf die Himmel, auf die Geringsten und nicht die oben im Licht, auf die alten Richter mit ihrer Weisheit und nicht auf die Selbstgewissen, die zu ihrem Vorteil berechnen, wer Freund und wer Feind heißen darf und die darauf bedacht sind, Gerechtigkeit mit richtender Macht zu identifizieren, aber nicht, wie Jesus, mit Liebe, Vergebung und jenem großen Schalom, das Martin Luther verspürt haben mag, als er sagte: »Das Wort (Gerechtigkeit Gottes) ist vor Zeiten in meinem Herzen ein Donnerschlag gewesen ... (und ich) dachte, Gerechtigkeit wäre der grimmige Zorn Gottes, womit er die Sünden straft ... (Aber) ich lernte und sah, daß Gottes Gerechtigkeit ist seine Barmherzigkeit, durch welche er uns gerecht achtet und heilt.«

Jesaja und Jesu Appell zum Schalom, dem Frieden, der sich in der gottgewirkten Ordnung der gerechten Stadt manifestiert, wo die Gefängnistore sich öffnen – dieser Appell wartet, so gut wie die Vision des Psalmisten von der Welt, in der der Frieden und die Gerechtigkeit einander küssen (Psalm 85, 2) noch immer darauf, verwirklicht zu werden.

Verwirklicht im Sinne der Weisung des Propheten Jesaja: »Löst den Unschuldigen die Fesseln, entfernt die Stricke des Jochs, laßt die Versklavten frei, zerschlagt die Ketten ... Dann wird dein Licht aufleuchten wie die Morgenröte ... deine Rettung geht dir voran und Gottes Herrlichkeit folget dir nach.«

Eine Rede! Über den Propheten Jesaja. Über Recht und Gerechtig-
keit. Über den Frieden in Zeiten der Nachrüstung. Was zeichnet sie aus? Sicherlich ihr drängender Ton. Die Inständigkeit, mit der eingefordert wird, was verheißen ist, aber noch nicht ein-
gelöst: Gerechtigkeit im Zeichen der Liebe![9] Wie der Prophet auf seine
Schlüssel-Worte pocht, so auch der Redner: Es ist hohe Zeit für Recht
und Gerechtigkeit, daß wir endlich die Sichtweise der Opfer entdecken
und unseren Blick umkehren. Hohe Zeit für Jesajas und Jesu Appell
zum Schalom, dem Frieden, der sich in der gottgewirkten Ordnung der
gerechten Stadt manifestiert. Jens vollzieht die Bewegung des Textes
nach. Oder vereinnahmt diese Formulierung seine Rede schon homiletisch? Ich glaube nicht. Die Achtung vor dem Text, vor dem, was über-
liefert ist, gehört zu einer guten Rede, ob ihr Gegenstand antike Tragö-
dien sind oder eine prophetische Rede. Jens weiß, was er an den biblischen Worten hat; er will, daß sie wirken. Damals, 1983. Und heute. Sie
sind ihm mehr als Material – und doch keine Legitimationsinstanz:
»Hört, was ich rede, ist Gottes Wort. Da könnt ihr nichts dagegen sagen.« Der Text spricht ihn an, aber er, Walter Jens, der Redner, ist dafür verantwortlich, daß die Bewegung, die ihn erfaßt hat, zu seinen Hörerinnen und Hörern weiter geht. Das erledigt sich nicht von selbst. Da
gibt es keine Vertraulichkeit mit Gottes Wort, kein plump-familiäres:
»Ihr wißt schon, wie es gemeint ist.«
    Daß die Fähigkeit der Predigenden an dieser Stelle auch an ihre
Grenze kommen kann, daß sie das Gefühl haben, am Ende erreicht das
überlieferte Wort eine Evidenz und Prägnanz, die in der eigenen Rede
schwer einzuholen ist, dafür steht die Entscheidung, die Rede mit einem Bibelwort zu beginnen und zu schließen.[10] Sie zielt bei Walter Jens

9. Im folgenden werden Zitate aus Walter Jens' Rede auf dem Kirchentag in Han-
    nover 1983 kursiv hervorgehoben.

10. Diese Form des Predigtschlusses findet sich z.B. auch in der Predigt über den
    Psalm 90: Walter Jens, *Über die Vergänglichkeit. Der 90. Psalm*; in: a.a.O. (Anm. 1),
    173-187.

nicht auf Legitimation und Unangreifbarkeit, sondern auf Bescheidenheit und ein »Zurückgeben« der Auslegungsarbeit in die Gemeinde. Sie nimmt nichts von der Aufgabe der Predigtarbeit, die Differenz zwischen dem Text und seiner Deutung transparent zu machen, z.B. daß in dieser Rede der Begriff der Gerechtigkeit von Luther[11] und der Rechtfertigungslehre her interpretiert wird – und eine wirksame Predigt zu erarbeiten, zu halten und zu verantworten.

Den Respekt vor der Überlieferung zeigen auch die Abschnitte dieser Rede, die von Jesajas und Jesu Zeiten sprechen. Aber der Redner archaisiert in ihnen genauso wenig wie er sich mit seinen damals aktuellen Bezügen auf die Diktatur in Chile, auf Rüstung in Williamsburg, der Situation der Friedensbewegung in der DDR der Gegenwart und ihrer Sprache anbiedert. Sein Ziel ist es nicht zu referieren, sondern dem Gestrigen, die Kraft zu entlocken, »die Gegenwart mitzudeuten«[12]. Mögen historisch-kritische Theologinnen und Theologen auf eine Begründung warten, warum Jens die Texte aus den unterschiedlichen Schichten des Jesajabuches als Einheit behandelt; er hat sie in seiner Meditation getroffen. Nun verfolgt er in seiner Rede sein Ziel: Gerechtigkeit anzusagen und einzufordern. Die Gerechtigkeit Gottes, *seine Barmherzigkeit, durch welche er uns gerecht achtet und heilt* und uns auf den Weg der Gerechtigkeit führt.

Ein letztes zum Umgang mit der Tradition: Jens findet einen Faden, der sich durch das Jesajabuch zieht, einen Faden, den Jesus aufnimmt. Erst weil Jesus uns in diesen Faden mit einspinnt, wird die Jesajanische Vision von der Gerechtigkeit, um die es vom Beginn der Rede an geht, nicht nur für das Volk Israel, sondern auch für uns hörbar. Wie lassen sich die Texte des ersten Testaments heute in Deutschland predigen? Jens weiß um die Frage, um die Brüche in der Bibel und in unserer Ge-

---

11. Vgl. Walter Jens, *Martin Luther. Prediger, Poet, Publizist*; in: a.a.O. (Anm. 1), 93-117.

12. Vgl. Walter Jens, *Die christliche Predigt. Manipulation oder Verkündigung?*, a.a.O. (Anm 1), 88.

schichte: *Jesus, der Jud, umgeben von Weihrauchschaden aus Zyklon-B.* Er sucht eine nach Inhalt und Form angemessene Antwort und formuliert: *Jesus von Nazareth im lichterfüllten Schatten des Propheten Jesaja.* Doch Jesus tritt auch aus diesem Schatten heraus. Wieder ist es einer seiner Schlüsseltexte, das Gleichnis vom Weltgericht (Matthäus 25), an dem Jens diesen Schritt festmacht. Jesus identifiziert sich mit den Geringen; er kehrt die Dinge um, begreift *die Unteren nicht als Objekte ihnen geschuldeter Mildtätigkeit, sondern als Subjekte ..., die nicht die Bestimmten, sondern die Bestimmenden sind.*

Hat dieser Perspektivwechsel Auswirkungen auf die Predigt? Verändert er die Rede? Nicht in dem Sinn, daß das Sprachniveau sinkt. Anspruchsvoll sind das Vokabular und die Satzkonstruktion mit ihren vielen Einschüben und Nebensätzen, die vielen langen Zitate. *So gnadenlos er die Sippschaft der Mächtigen geißelt, die nur einen Gedanken verfolgen: oben hat oben und unten hat unten zu bleiben (also ganz unten Gott), so sanft wird seine Sprache, wenn er derer im Dunkel gedenkt, der Unterdrückten und Gefangenen, denen beizustehen Verpflichtung aller Menschen bleibe, die zu Gottes Rechtsgemeinschaft, dem Bund der Freuen und Frommen, gehören.* Keine Rede in einem Stil, der heute angeblich nötig ist, um die breite Öffentlichkeit zu erreichen: Fünf-Wort-Sätze, höchstens einen Nebensatz, keine Partizipialkonstruktionen, »bildzeitungsnah«[13] eben.

Der Redner übt sich nicht in der nach Auskunft mancher Rundfunkhomiletik »hohen Kunst«, Verkündigungssendungen so zu gestalten, daß sie inhaltlich eigenständig sind, aber in ihrer sprachlichen Gestalt im Rahmen der (Musik-) Farbe des Senders nicht stören, so wenig Anstoß erregen, daß niemand wegschaltet.

Und doch: es ist eine Rede, keine Schreibe – und in ihren Reihungen und Repetitionen, in ihrer Leidenschaft, ihrem häufigen Perspektivwechsel, fesselnd und eingängig. Walter Jens weiß von jedem Wort, was es »wiegt«[14]. Er kennt die Menschen, »ihre Gedanken und ihre Spra-

13. Ebd., 87f.

14. Ebd., 87.

che«, weiß aber auch um die Schwierigkeit, zu einer »gemischten Gemeinde«[15] zu sprechen. Neben langen argumentativen Passagen stehen deshalb knappe, einprägsame Sätze, Überschriften: *Jesus unter den Armen* oder Fragen: *Was schert uns die Sintflut? Wer zahlt die Zeche?* Da gibt es Formeln, die in eine Dualität führen, aus der die Leidenschaft der wirkungsbezogenen Rede lebt: *Nichts ohne Recht ..., aber mit ihm alles* oder *Stirbt das Recht, dann ist auch Gott dahin.* Der singularische Gebrauch von Recht und Gerechtigkeit schafft klare Alternativen und gibt der Rede diesen starken Impuls, diesen *pochenden Grundklang.*

Walter Jens geht es in dieser Rede um Klarheit, um Konkretion und Entschiedenheit, um Präzision und Leidenschaft. Er will wirken und überzeugen; direkt und konkret spricht er seine Zuhörerinnen und Zuhörer an und traut seinen Worten zu, daß sie können, was Luthers Worte konnten, die Welt zu verändern, auf dem Weg der Gerechtigkeit und des Friedens weiter zu führen. Daß sie helfen, *die Welt, wie sie jetzt ist, mit Hilfe von Erinnerungskraft und Phantasie, aus jener Perspektive, der Sicht Jesajas und, mehr noch, Jesu anzusehen, die nicht nur die einzig christliche, sondern auch die einzig menschliche ist: aus der Sichtweise der Opfer.*

Walter Jens hat sich entschieden – hier und jetzt und leidenschaftlich: hört zu, es ist hohe Zeit! Jetzt kommt es darauf an sich zu entscheiden, im Streit um die Wahrnehmung der Wirklichkeit den »richtigen« von zwei Blickwinkeln einzunehmen. Er tut, was eine Predigt tun kann: die Hörerinnen und Hörer nicht langweilen, sondern in ihren Bann ziehen – und dann doch nicht in ihren Bann, sondern am Ende in die großartige Vision aus Jesaja 58; über den engen Kreis der Zuhörenden hinaus diejenigen mitzubedenken, die schon lange keine oder nur selten eine Predigt hören, damit das Wort auch die Welt erreicht: je deutlicher eine Predigt, um so mehr »undeutliche« Hörerinnen und Hörer kann sie zulassen; die Kunst der menschlichen Rede zu bemühen, damit »erkennbar wird, wie sehr die Welt der Barmherzigkeit Christi

15. Ebd., 84.

bedarf«, daß »die« Realität aus der Perspektive der Schrift verfremdet und neu werden muß – und wird.

Mag sein, daß solch eine Rede in ihrer Eindeutigkeit und Leidenschaft nicht erst heute manchen Hörerinnen und Hörern autoritär und allzu einseitig anmutet.

Natürlich kann Walter Jens auch ganz anders reden; man lese nur die Predigt über den 90. Psalm, in der die Ambivalenz, die Doppeldeutigkeit in der Auslegung, die bleibende Fremdheit Jesu in den Vordergrund tritt,[16] wo spürbar wird, was Jens mit einer Rhetorik der Frage meint.[17] Der Redner hat sich entschieden; er pocht gemeinsam mit Jesaja und Jesus auf Gerechtigkeit. Aber er schirmt seine Rede nicht vor Kritik ab; er versucht nicht, sie ohne ihre (unterschiedliche) Rezeption zu denken; er macht den Streit und seine Entscheidung in der Rede selbst transparent.

Deshalb stellt Jens auch nicht Shakespeare oder Molière auf die Kanzel,[18] sondern macht Bertolt Brecht zum Modell des Kanzelredners, der Predigerin: »Brecht auf der Kanzel – ein Mann, der Geschichten erzählt, deren Schluß die Gemeinde in kontroversem Nachgespräch dazuerfinden mag: So sähe in meinen Augen der ideale, zum Dialog auffordernde Prediger aus.«[19] Hier sind schon Impulse gesetzt, die später durch G.M. Martin und W. Engemann Eingang in die Homiletik fanden: die Predigt als ein offenes Kunstwerk und den Rezeptionsprozeß als wesentlichen Bestandteil des Predigtgeschehens zu verstehen.

Eine gute Predigt lebt wie jede wirkungsbezogene Rede von der Entscheidung; das läßt sich an dieser Rede lernen. Nur wer sich entscheidet und nicht alles auf einmal und immer nur das Richtige sagen will, nur wer weiß, was er will, kann in »geistiger Selbständigkeit, (mit)

---

16. Vgl. Walter Jens, *Martin Luther. Prediger, Poet, Publizist*, a.a.O. (Anm. 10).

17. Vgl. Walter Jens, *Die christliche Predigt. Manipulation oder Verkündigung?*, a.a.O. (Anm. 1), 88.

18. Ebd., 81.

19. Ebd., 88.

Vitalität und Humor«[20] predigen. Nur so wird er oder sie wirklich konkret sprechen, »sehr konkret«, und doch, wie Jens humorvoll und mit einem Augenzwinkern sagt, »inmitten von so viel Konkretion« um die »subjektive Brechung« wissen, die »Ein-Gemeindung«[21] erst ermöglicht.

Nur wer weiß – und will! –, daß seine Predigt weitergedacht wird und sie nicht dagegen abschließt, wird hier und heute von Gott und seiner Gegenwart in dieser Welt, von »Interhumanität und Transzendenz«[22] reden. Nur wer persönlich, subjekt- und zeitbezogen spricht und sich nicht hinter einer vermeintlichen Objektivität versteckt, wird seine Hörerinnen und Hörer erreichen; allerdings kann sich die sprechende Person auch durchaus kenntlich machen, ohne »ich« zusagen, wie unsere Rede zeigt, in der das Ich dem Propheten und Jesus vorbehalten bleibt.

Walter Jens hat sich 1976 wie 1983 mit seinem Plädoyer für Subjektivität gegen eine Kirche und eine Predigt gewandt, die uninteressiert ist an der Welt, die sich an manchen Stellen noch als Teil einer formierten Gesellschaft sah. Heute wächst eine andere Gefahr: daß die Kirche sich um marktförmiger Attraktivität willen als niedrigschwelliges Element der Erlebniskultur versteht. Die Folge bleibt die gleiche: die Kirche übersieht, daß sie an diejenigen gewiesen ist, die aus der Marktgesellschaft herausfallen, daß die Opfer, die Leidenden Gottes Kerngemeinde bilden. In Jens' Rede begegnet ein Stilelement, daß sie bei aller Entschiedenheit von einer autoritären Verlautbarung unterscheidet und den Blick für die Opfer weitet. Sie ist voller Assoziationen und Anakoluthe. Fragen werden gestellt, Alternativen aufgebaut, doch die Ant-

20. Ebd., 80. Zum Humor z.B. seine Beschreibung des Predigtaktes mit Hilfe der Begriffsreihe: »ein sehr konkretes Individuum«, »eine sehr konkrete Gemeinde in einer sehr konkreten Situation« und »eine sehr konkrete Sprache«, die er dann augenzwinkernd mit einer Bemerkung (79) relativiert, ohne das Ziel seiner Argumentation damit in Frage zu stellen.

21. Ebd., 79.

22. Ebd., 87.

worten folgen später, manchmal gar nicht. Darin kommt keine Inkonsistenz im Gedankengang oder mangelnde Präzision zum Ausdruck. Im Gegenteil: die Brüche eröffnen Zugänge, ermutigen die Hörenden dazu, zunächst einmal eigene Antworten zu suchen: »statt darauf zu vertrauen, daß das *verbum dei*, das da ›senkrecht von oben‹ kommt, aus sich selbst wirken werde ...; statt es zum hundertsten Mal – und immer vergeblich – mit der Sprache Kanaans zu versuchen, ...«[23] Ist dies ein wesentliches Element einer »evangelischen *rhetorica nova*«?[24] Braucht eine Rede (und eine Predigt) »voids«, wie der Architekt Daniel Libeskind die Leerstellen im Berliner Jüdischen Museum nennt?[25] Orte, Textstellen, wo das Unsagbare, das Ungesagte, das Scheitern, die Opfer, die keine Stimme mehr haben, zu ihrem Recht kommen?

Auf jeden Fall braucht die Predigt einen Vorbehalt gegenüber einer totalen Klarheit, Sagbarkeit und Benennbarkeit. Wer von Gott redet, wer in seinem Namen predigt, bringt eine Kraft und eine Macht zur Sprache, die durch die Zeit und über die eigene Gemeinschaft hinaus wirkt – und immer auch ein Geheimnis bleibt, das sich in Kargheit und Fremdheit der Sprache ausdrückt, sich der Geläufigkeit und Banalität verweigert, Schweigen und Anbetung sucht, wo die Worte versagen. Vorgängige *Gerechtigkeit*, der *Donnerschlag der Barmherzigkeit Gottes*, das Wissen – oder besser der Glauben an die Überwindung des Todes, an die *Freiheit für die Versklavten*, an das gute Ende sind Voraussetzungen jeder Predigt, die zwar – das ist Walter Jens nicht müde geworden zu betonen – kein Redender, keine Predigende instrumentalisieren darf, um seine Worte zu legitimieren und sie als Besitz für sich zu reklamieren, die aber andererseits nicht fehlen dürfen, will die Predigt nicht ihren Grund aufgeben. Predigt kann sich nicht damit begnügen, das Leid wahrzunehmen und zu beklagen, das Gericht einzufordern und die Veränderung, sie wird die Zukunft Gottes ansagen und sein Reich.

23. Ebd., 79.

24. Ebd., 77.

25. Vgl. *Die Architektursprache Daniel Libeskinds*, in: *Geschichten einer Ausstellung. Zwei Jahrtausende deutsch-jüdische Geschichte*, Berlin 2001, 176-180.

Walter Jens tut das in seiner Rede und in seinen Reden über das Reden. Sie können Predigerinnen und Prediger nicht nur lehren, wie wichtig die rhetorische Arbeit ist, sondern auch, was nach Form und Inhalt die Spezifika einer Predigt sind.

Lichtstrahl

Jürgen Werbick

Volksnah predigen
Bischof Joachim Wanke als Homiletiker

1. **Eine Predigt**[1] **als homiletisches Programm.** *Ein Prediger hat vor Predigern keine einfache Aufgabe. Aber er kann bei seinen Mitstreitern im Werk der Verkündigung an eine gemeinsame Erfahrung anknüpfen: jede Predigt bemüht sich um Horizonterweiterung. Sie will helfen, daß der Zuhörer nach der Predigt sagen kann:* »*Jetzt sehe ich mein Leben, die mir aufgegebene Welt und Wirklichkeit anders!*«

Ich wußte, daß ein mir gut bekannter Mitbruder einen Autounfall recht glimpflich überstanden hatte. Wir alle waren froh, daß es nur bei einem Blechschaden blieb. Leicht hätte es schlimmer gewesen sein können. Als ich dem Mitbruder nach dem Unfall wieder begegnete, sagte er mir recht nachdenklich: »*Ich sehe jetzt, nach dieser Erfahrung, manches anders als früher!*« *Und er meinte damit:* »*Ich sehe vieles nicht mehr als so selbstverständlich an. Ich spüre, daß ich auf einer dünnen Eisdecke gehe. Ich habe es unter meinen Füßen knistern hören!*« *Eine neue Gelassenheit, eine neue Weite ist ihm durch die Erfahrung dieses Unfalls geschenkt worden.*

Grenzerfahrungen bescheren einem solche neue Nachdenklichkeit: Eine glücklich überstandene Operation, das Gelingen einer scheinbar unlösbaren Aufgabe, die Erfahrung einer unerwartet geschenkten Freundschaft oder gar Liebe. Es ist, als ob sich das Leben selbst auftut und neue Horizonte eröffnet. Es gibt Perspektivveränderungen, die das Leben weiten und hell machen können.

Die Zeitschrift Der Prediger und Katechet *müht sich um diese Horizonterweiterung vom Evangelium her schon seit vielen Menschengenerationen. Allen, die*

---

1. Die hier abgedruckte Predigt von Bischof Wanke wurde gehalten bei der Jubiläumsfeier zum 150jährigen Bestehen der Zeitschrift *Der Prediger und Katechet* am 9. Juni 2001 in Donauwörth.

dabei in der Gegenwart mitwirken, ist dafür sehr herzlich zu danken. Es ist selten, daß eine Zeitschrift auf solch ein respektables Gründungsdatum zurückschauen kann. Das ist ein Grund zum Feiern und zum Danken.

Die homiletischen Beiträge dieser Zeitschrift, aus welcher Zeit sie auch stammen mögen, spiegeln immer beide Aspekte: Das Bedenken der uns aufgetragenen Botschaft, aber auch die jeweilige Lebenssituation der Menschen, in die hinein diese Botschaft ausgerichtet werden muß. Am Ende soll freilich immer diese Reaktion beim Hörenden erreicht werden: Sie sollen im Bedenken des Predigtwortes neu und gestärkt auf ihr Leben blicken können. »Ich sehe jetzt manches neu und anders als früher!«

Bei der Herbstvollversammlung der Deutschen Bischofskonferenz im Jahr 2000 war der Bischof von Troyes, Msgr. Marc Stenger, als Vertreter der französischen Bischofskonferenz Gast bei unseren Beratungen. In seinem Grußwort sprach er kurz die Probleme und Fragen an, die derzeit die Kirche in Frankreich bewegen. Er sprach auch von den strukturellen Schwächen der französischen Kirche und verglich diese mit den reichen Aktivitäten, die in unseren deutschen Bistümern noch möglich sind. Aber in seinen Worten klang keine Resignation mit. Im Gegenteil. Ich spürte darin so etwas wie ein »demütiges Selbstbewußtsein«, welches sich an den Grundaufgaben der Kirche ausrichtet. Marc Stenger sagte sinngemäß: Wir können uns zwar dieses und jenes nicht leisten, was euch in Deutschland noch selbstverständlich möglich ist. Aber wir können zweierlei tun: Wir können der säkularisierten Gesellschaft unseres Landes den Dienst der »Beleuchtung« (illumination) und den Dienst der »Begleitung« (accompagnement) anbieten.

In diesen zwei Grundbewegungen möchte ich das fassen, was jedem Prediger aufgetragen ist. Er leistet zunächst den »Dienst der Beleuchtung«. Er versucht, soweit dürre Worte dies zulassen, über dieser Welt und dem Leben, wie er es selbst und seine Hörer zu bestehen haben, das Osterlicht aufleuchten zu lassen. Er versucht zu zeigen, daß wir als Reich-Gottes-Anwärter nicht nur in Bangigkeit und mit Zweifeln auf Gottes neue Schöpfung zu warten brauchen, sondern in Festigkeit und mit einer sicheren Erwartung, so wie ein noch eingepacktes Geschenk uns schon übergeben, aber noch nicht enthüllt ist.

Der Predigtdienst leitet zu einem »Leben aus dem Vorgriff« auf Gottes Reich an. Er nimmt das ernst, was in dem alten Dialog zwischen Taufpriester und Tauf-

bewerber zum Ausdruck kommt: »*Was erwartest du von der Kirche?*« »*Den Glauben!*« »*Was schenkt dir der Glaube?*« »*Das ewige Leben!*«

In einem Kurort der slowakischen Tatra hatte ich einmal mitten im Sommer ein merkwürdiges Erlebnis, das mir zu einer Schlüsselerfahrung in meiner Existenz als Christenmensch geworden ist. Ich sah, wie mitten im Sommer junge Wintersportler auf den asphaltierten Parkwegen Langlaufski übten. Sie hatten skiähnliche Bretter mit Rollen unter den Füßen und staksten, mit ihren Stöcken weit ausholend, in beachtlichem Tempo auf den Kurwegen dahin. Zugegeben: ein merkwürdiger Anblick, auch ein wenig zum Lächeln. Aber die Zuschauer nahmen die jungen Leute durchaus ernst, wußten sie doch, daß diese vermutlich für kommende Wettkämpfe übten, die ihnen dann möglicherweise im Winter olympische Medaillen einbringen sollten. »*Leben aus dem Vorgriff!*«

Jede Predigt erinnert daran: Sicherer als der Winter auf den Sommer kommt Gottes Reich auf uns zu. Ja, es ist geheimnisvoll jetzt schon unter uns anwesend: immer dort, wo ein Menschenleben ernsthaft in die Nachfolge Christi eintaucht und sich und die Welt dabei verändert.

Der Prediger wird durchaus die Fremdheit christlicher Existenz anzusprechen haben. Es ist verwunderlich, in der Ehe die Treue zu halten, statt das eigene Ego auszuleben, Nächstenliebe und Solidarität zu üben statt die Ellbogen zu gebrauchen, das werdende Leben zu achten, statt nach Selbstverwirklichung zu fragen.

Solche und ähnliche Haltungen werden durchaus auch belächelt. Es berührt schon merkwürdig, mitten im Sommer für den Winter zu trainieren. Aber eben diese »*Ungleichzeitigkeit*« *ist Markenzeichen des Christlichen: Das Osterlicht verändert unser Leben. Es gibt ihm eine Perspektive. Es befähigt,* »*aus dem Vorgriff zu leben*«, *ohne darüber sauer und frustriert zu werden.*

Solcher Dienst der »*Beleuchtung*« *muß freilich sekundiert werden vom Dienst der* »*Begleitung*«, *den der einzelne Prediger seinen Hörern und die Kirche insgesamt der Gesellschaft schuldet. Prediger und Hörer sollte nicht nur das Sprechen und Hören verbinden; es sollten sie auch Erfahrungen verbinden, die aus tieferen Gemeinsamkeiten erwachsen.*

Predigt geschieht nicht von oben herab. Sie ist ein Vorgang »*auf gleicher Augenhöhe*«, *aus gleichem, gemeinsam erfahrenem Lebenshintergrund heraus. Wer den Dienst am Wort zu leisten hat, muß auch zum Dienst am Leben bereit sein. Das ist natürlich uns als Einzelnen, aber auch der Kirche insgesamt nur begrenzt möglich.*

Dennoch hält der jeweilige Alltag genug an Situationen bereit, die diese Lebensbrücke zwischen Verkündiger und Hörer des Wortes schlagen können. Ich denke an das Wort, das Paulus der Gemeinde in Thessalonich schreibt:»*Wir wollten euch nicht nur am Evangelium Gottes teilhaben lassen, sondern auch an unserem eigenen Leben; denn ihr seid uns sehr lieb geworden*« *(1. Thessalonicher 2, 8). Eine Predigt, die diesen Geist atmet und die ansatzweise und in aller menschlichen Gebrochenheit, die uns nicht erspart bleibt, versucht, nicht nur das Wort mit den Hörern zu teilen, sondern auch das Leben, wird die Herzen erreichen.*

Ich denke dabei an einen ungarischen Mitbruder, der mir seinerzeit, lange vor der politischen Wende, immer gesagt hatte: Ich glaube fest daran, daß eines Tages hier bei uns in Ungarn die russischen Truppen abziehen werden. Ich muß bekennen: Er war damals gläubiger als ich. Als ich ihn dann einmal nach dem Abzug der Russen aus Ungarn wieder traf, sagte er mir triumphierend:»*Siehst du, ich habe doch Recht behalten!*« *Aber dann fing er sofort an, über die vielen Schwierigkeiten und Nöte zu lamentieren, die die neue Situation in der Gesellschaft und auch in der Kirche hervorrufe. Da mußte ich ihm helfen, trotz dieser Probleme und Sorgen nicht die Freude über die so glücklich erfolgte Wende im Leben seines Volkes zu verlieren.*

So sind wir Christen eben»*gestrickt*«*: Wir feiern den Sieg Christi über Sünde und Tod, und lamentieren über das, was uns hier und jetzt zu tragen auferlegt ist. Wir singen in der Kirche das festliche Alleluja und füllen unseren Christenalltag mit unösterlichem Jammern aus. Da braucht es den prophetischen Zuspruch, das*»*Trösten*« *und*»*Ermuntern*«*, wie es in dem griechischen Wort Paraklese zum Ausdruck kommt. Da braucht es den Dienst des Predigers, auch heute. Mein Wunsch ist es, daß Der Prediger und Katechet noch viele Jahre gute Hilfestellung bei diesem Dienst leisten kann.*

2. Dem Evangelium ein Gesicht geben: Über Evangeliums- und Zuhörernähe der Predigt.

Daß ein Bischof die Predigt zu einem bedeutsamen homiletischen Jubiläum hält, mag nahe liegen. Aber es ist keineswegs selbstverständlich, daß er dabei ein homiletisches Programm entwickelt, das für die Predigtpraxis im katholischen wie im evangelischen Gottesdienst wegweisend sein könnte; ein Programm, das er zudem in vielen eigenen Predigten konkret Gestalt gewinnen läßt; dafür wurde er mit dem Predigtpreis 2001 geehrt. Man würde ja nicht spontan damit rechnen, daß Bischöfe herausragende Prediger sind. Ich gestehe etwas verschämt, daß ich in meiner Zeit als Homiletiker in München, als ich angehende Theologinnen und Theologen in der Kunst – eher im Handwerk – des Predigens ausbilden durfte, einem jungen Mann meinte sagen zu müssen: Sie predigen wie ein Bischof. Ich habe das – zugegeben – nicht als Kompliment gemeint, sondern etwa so: Ihr Predigen hat zu viel von Bescheidwissen und Bescheidgeben, zu viel von offizieller Sonntagsrede. Sie ist so wenig authentisch, so wenig erfahrungsgesättigt und solidarisch; sie ist eben wie ein Hirtenbrief, der, wenn er im Gottesdienst vorgelesen wird, den »Zuhörern« die mehr oder weniger willkommene Gelegenheit gibt wegzuhören und ihren eigenen Gedanken nachzuhängen. Es ist die Attitüde der Darüber-Stehens und des steilen Moralisierens, des offiziellen Statements, in Formeln, in denen »fertige Wahrheiten« verabreicht werden, die solche Verlautbarungen zu Weghör-Texten machen und die Predigt um jedes Gehör bringen.

Bei Texten und Predigten etwa von Bischof Kamphaus aus Limburg oder von Bischof Wanke aus Erfurt vermißt man durchweg die Hirtenbrief-Attitüde; und ich vermisse sie mit Erleichterung. Man liest diese Verkündigungstexte gerne – man hört ihnen gern zu. Was heißt schon »gern«. Es ist ja nicht so, daß sie einem schmeicheln oder auch nur gekonnt unterhalten. Es ist vielmehr so: Man begegnet einem Menschen, der in »demütigem Selbstbewußtsein« von dem spricht, was biblisch-christlicher Glaube ihm bedeutet.

Demütiges Selbstbewußtsein, also nicht Sich-Verstecken mit dem, was man zu sagen hat. Und es so predigen, »daß der Zuhörer nach der Predigt womöglich sagen kann: ›Jetzt sehe ich mein Leben, die mir aufgegebene Welt und Wirklichkeit anders!‹« Für Bischof Wanke ist das – und er schließt sich hier an seinen Bischofskollegen Marc Stenger von

Troyes an – der Dienst der »Beleuchtung« (der *illumination*): Es fällt ein Licht auf mein Leben, das die Dinge in Bewegung bringt, das sie vielleicht sogar zum Tanzen bringt – hätte Karl Marx gesagt. Aber Bischof Wanke hat am eigenen Leib erlebt, was das für ein Tanz werden kann, wenn nicht das erhellende und erlösende Osterlicht Gottes – das Licht seiner Zukunft – ins Leben fällt, sondern das Scheinwerferlicht des »großen Bruders«, das nichts unausgeleuchtet läßt, damit man alles überwachen kann. »Illumination« ist ganz anders. Sie beleuchtet meine – unsere – Lebenswirklichkeit so, daß an ihr aufscheint, wie sie gemeint sein könnte, von Gott gemeint sein könnte; was uns deshalb in ihr auffallen, zu denken, zu hoffen und zu tun geben darf.

Der Sprachgestus ist hier nicht der des Bescheidgebens, sondern der des Zeigens: Der Prediger zeigt, was es zu sehen gibt, wenn man den Blick nicht gefangen nehmen läßt von den Blickfängern, den Eyecatchers, die unsere Aufmerksamkeit ausbeuten. Zeigen zwingt nicht und vereinnahmt nicht; es lädt ein, den Dingen, meiner/unserer Welt anzusehen, was sie bedeuten könnten, wenn Gott uns darin anspricht und herausfordert. Zeigen, was mir selbst gezeigt wurde; die Aufmerksamkeit nicht fangen, sondern Aufmerksamkeit ermöglichen für das »Buch des eigenen Lebens«, das uns das »Buch der Bücher« – und die Predigt, die es auslegt – lesen hilft: das ist die zentrale Aufgabe der Predigt für Bischof Wanke.

Zeigen verlangt das Mitgehen, den »Dienst der Begleitung«. Wer nicht mitgeht, kann nicht zeigen. Mein Onkel konnte mir vor fast 50 Jahren die Geheimnisse des Waldes zeigen, weil er mich mitnahm und mit mir »auf gleicher Augenhöhe« blieb. Seine Erfahrung konnte ein wenig meine Erfahrung werden, weil er mit mir hinschaute. Was er zeigte, konnte ich sehen. Wir hatten einen gemeinsamen Blick – weil er mit mir ging. Hätte er mir nur gezeigt, was er sah, ohne darauf zu achten, was ich sehen konnte, wären mir die Geheimnisse des Waldes gänzlich verschlossen geblieben.

Prediger und Predigerinnen sind zum Mitgehen und zur »gleichen Augenhöhe« verpflichtet, nicht zur geistreich inszenierten Selbstbestäti-

gung. Wo man sich in die Höhen bloß geistreicher Rhetorik hinein ver-
steigt, da bleibt man allein; allenfalls bestaunt, vielleicht auch nur ver-
ständnislos beobachtet von denen, die man »hinter sich gelassen« hat.
Prediger sollen keine Vorturner sein, so als käme es darauf an, daß die
anderen sehen, wie gut ich es kann. Wenn die Gemeindemitglieder sie
nicht als »Mitgehende« erleben auf einem Weg – Bischof Wanke hat
das eingeschärft –, der sie selbst verändert, der Unruhe und Spannun-
gen mit sich bringt und Reifungsprozesse nötig macht, wenn sie nicht
als solidarische Begleiter erlebt werden, haben sie kein Gesicht; hat ihre
Botschaft kein Gesicht. Wer zu zeigen versteht, welche Herausforderung vom Evangelium ausgeht – vielleicht an sich selbst sichtbar machen kann, was damit an Faszination und Ratlosigkeit verbunden sein
kann, der wird dann auch appellativ predigen können, ohne zu morali-
sieren. Dem Evangelium ein Gesicht geben, das heißt hier aber nicht,
sich selbst als Vorbild aufzuspielen. Das menschliche Gesicht, das mir
der Prediger (die Predigerin) zeigt, zeigt mir den Versuch eines Menschen, dem Wort nicht auszuweichen, das er auszurichten hat. Der Appell ist »gedeckt« von dem, was er mir zeigt; er hat seinen Ort im
Handlungsraum einer lebendigen Glaubenshoffnung, die der Prediger
(die Predigerin) zu bezeugen versucht. Nur so – zuerst zeigend, dann
erst bzw. dadurch herausfordernd – haben Appelle eine Chance anzukommen. Nur so können sie die verheißungsvolle Herausforderung
Gottes glaubwürdig kommunizieren und die Zuhörer(-innen) parakle-
tisch – geistlich und geistvoll – ermutigen, diese Herausforderung an-
zunehmen.

Hier entscheidet sich, ob ein Prediger/eine Predigerin »volksnah« –
ich möchte lieber sagen: zuhörernah – zu predigen versteht oder den
Menschen nur moralisch kommt bzw. ihnen – oft in einem Atemzug
damit – in falscher Vertraulichkeit auf den Leib rückt. Erfahrungen
nachgehen und nachdenken, die mich selbst in Mit-Leidenschaft gezogen und verändert haben; ihnen eine Sprache geben, die den Zuhörern
herzeigt, was darin vorging; die ihnen davon Zeugnis gibt, was mir dabei aufging, mitunter auch: was mir an und in ihnen fremd bleibt, wei-

terfragen läßt – das ist etwas ganz anderes als den Zuhörern rhetorisch gönnerhaft auf die Schulter klopfen und ihnen zu verstehen geben: Ich bin doch einer von euch; ich und du, wir beide verstehen uns schon! Deshalb kann ich dir auch sagen, wo's lang geht. Das Patriarchal-Gönnerhafte oder Kumpelhafte im Predigtgestus ist der größte Feind der Zuhörernähe – und doch so leicht damit zu verwechseln: Da meint einer, er müßte sich bei mir anbiedern und »dem Affen Zucker« geben, um mir dann doch wieder nur moralisch zu kommen. Und ich weiß, daß er mich nicht ernst nimmt, sondern lediglich von mir beklatscht werden und mich vereinnahmen will. Auch Bischöfe sind dagegen mitunter nicht gefeit. Ich erinnere mich an die Jugendpredigt eines mediengewandten Diözesanbischofs, die mir als Redakteur der Zeitschrift *Der Prediger und Katechet* vor etlichen Jahren einmal auf den Schreibtisch kam. Der wunderbare Rettungspsalm 18 war Predigtvorlage; vielleicht auch nur Stichwortgeber; im Mittelpunkt der bekannte Vers 30: »Mit dir (Herr) erstürme ich Wälle, mit meinem Gott überspringe ich Mauern.« Schnell wird der Psalm auf Christus gedeutet: Er, der Gekreuzigte, übersprang die Mauer des Todes. Und wir können sie – ihm nach – überspringen. Aber ist das nicht etwas abstrakt? Der Bischof weiß, was er seinem jugendlichen Publikum schuldig ist; und er zieht die Christologie ins Sportliche: Das Kreuz ist der Stab, Christus der Stabhochspringer …

Die Beispiele ließen sich vermehren. Wie viele Predigthörer/-innen sind nicht schon in Zeiten der Fußballwelt- oder Europameisterschaften von Predigten über den Trainer Jesus genervt worden. Für mich der Gipfel: die Osterpredigt eines Kollegen, der sich nicht scheute, Jesus mit einem Stehaufmännchen zu vergleichen. Ich habe die zur Veröffentlichung eingereichte Predigt geräuschlos aus dem Verkehr gezogen. Mit dieser Art von Jugend- oder Volksnähe demonstriert man vor allem eines. Man gibt den Zuhörern und Zuhörerinnen zu verstehen: Die schwierigen Glaubensüberlieferungen sind eigentlich zu hoch für eure schlichten Gemüter. Ich werde mich jetzt anstrengen, von meiner hohen Warte auf eure Verstehensebene hinuntersteigen und es mal ganz volkstümlich sagen. Das kann ich, wie ihr sehen werdet, denn ich bin ja ein Mann des Volkes. Wer meint, homiletisch »hinuntersteigen« zu müssen, der versucht dies allemal auf der Abwärtsleiter moralischer Ansprüche. Denn er geht wie selbstverständlich davon aus, sie seien doch das Einzige, was »das Volk« versteht. Prediger/-innen sollten sich von Kurt Tucholsky sagen lassen: Das Volk ist nicht tümlich. Und sie sollten sich homiletisch hinter die Ohren schreiben: Wer zu denen, zu denen er spricht, meint hinuntersteigen zu müssen, der ist mit ihnen nicht schon auf Augenhöhe. Er kommt als der Überlegene, der es sich erlaubt, jovial zu sein und deshalb das Recht zu haben meint, seine Forderungen anzumelden. Man wird nicht mit ihm gehen, suchen und sich zeigen lassen wollen, was uns gemeinsam bewegt und beansprucht. So gewinnt das Evangelium kein menschliches Gesicht. Es wird ihm vielleicht ein lach-hafte Maske aufgesetzt.

Sehen können und wollen die Menschen das ihnen das in der Verkündigung Gezeigte nur, wenn sie die Prediger oder Predigerinnen selbst von dem herausgefordert, erfüllt, geprägt erfahren, was sie zeigen wollen. Sie zeigen an sich selbst, was es bedeutet, daß Gott mit einem Menschen »etwas anfangen« kann. Oft genug aber zeigen sie auch, daß Gottes verheißungsvolle Herausforderung bei ihnen noch nicht angekommen, daß sie ihnen hier und jetzt noch nicht zugänglich ist. Das steckt ja dahinter, wenn man als Prediger mit einem Text »nichts anfangen« kann. Ich kann nichts mit ihm anfangen, weil mir der Anfang fehlt, den ich nicht selbst zustande bringen kann, so sehr ich mich auch anstrenge, geistreich zu sein. Nemo dat quod non hat – Niemand kann geben, was ihm nicht gegeben ist, was ihn nicht »hat«. Wer hätte das als Prediger nicht leidvoll und beglückend erfahren. Was mich »hat«, wovon ich »ergriffen« bin – Gottes Kraft oder Gott-Verlassenheit –, das zeigt sich an mir; es macht mich zum Zeugen: zum Zeugen für das, was Gott mit mir anfängt; zum Zeugen für die Sehnsucht, er möge das Gute mit mir anfangen, zu dem er mich berufen hat. Die Prediger und Predigerinnen sind zuerst und zuletzt Zeugen. Zwar predigen sie nicht sich selbst, sondern Gott, den wahrhaft Verläßlichen und Jesus Chris-

tus, den Gekreuzigten. Aber sie predigen diesen Gott und diesen Gekreuzigten – lange bevor sie mehr oder weniger gute Worte dafür finden – im Medium ihres Lebenszeugnisses und der Demut, die sie um
die Gebrochenheit ihres Glaubenszeugnisses wissen läßt. So geben sie
dem Evangelium ein Gesicht. Das ist weiß Gott keine Kleinigkeit. Und
alles homiletisches Wirken will genau davon in Anspruch genommen
sein: dem Evangelium ein Gesicht geben.

Beim Predigen schauen uns die Menschen, zu denen wir sprechen
dürfen, ihrerseits ins Gesicht. Wehe, wenn wir ihnen nicht ins Gesicht
schauen können. Aber wie halten wir es aus, daß uns die Menschen
dabei immer wieder von neuem und im Stillen fragen, prüfen: Sieht
man dir das Evangelium an, dein Erlöst- und sehnsuchtsvolles Uner-
löstsein? Nein, Friedrich Nietzsche, »erlöster« müßten wir nicht aussehen; wenn man uns wenigstens die Sehnsucht ansähe, daß Gott mit
uns etwas anfangen möge. Wie halten wir Prediger es aus, daß uns die
Zuhörer und Zuhörerinnen so prüfend ins Gesicht schauen? Daß sie
uns so nahe kommen – nahe kommen können, wenn unsere Worte
nicht »Schutzschilde aus Lehm« (vgl. Hiob 13, 12) sind, sondern Bezie-
hungsangebot; die ernst gemeinte Einladung, an eigenen Erfahrungen
teilzuhaben oder gemeinsamen Erfahrungen auf den Grund zu gehen?
Gott sei Dank, es ist ja nicht immer so, daß uns der kritisch prüfende
Blick verunsichern oder ängstigen müßte. Wie wohltuend, daß die
Menschen, zu denen wir sprechen dürfen, uns mit weit mehr Wohlwol-
len als kritischer Distanz anschauen. So machen sie uns das »demütige
Selbstbewußtsein« leicht: die Demut, die mich mit meiner Dürftigkeit
aushalten läßt; das Selbstbewußtsein des Zeugen, der zeigen darf, was
ihm geschenkt und zugemutet und immer wieder auch nicht zugänglich
ist – und sich so in die Nähe seiner Zuhörer und Zuhörerinnen wagen
darf.

Demütiges Selbstbewußtsein, auf dieses Leitmotiv einer zuhörer-
nahen Predigtpraxis ist noch einmal zurückzukommen. Selbstbewußtsein und Demut gehören dazu, einen Lufthansa-Werbespruch – wie
Bischof Wanke es einmal getan hat – für die Arbeit der Prediger und

Predigerinnen in Anspruch und Ernst zu nehmen: »Damit der Himmel für Sie offen ist, müssen wir hier auf der Erde viel tun.« Nicht erst der 11. September 2001 hat uns aufs Schlimmste beigebracht, daß der Flugzeug-Himmel zur Hölle werden kann. Es gehört viel dazu, den Himmel offen zu halten, wenn Menschen anfangen, die Hölle zu entfachen. Es gehört viel dazu, Menschen, über denen sich der Himmel verschlossen hat, mit solidarischer Verkündigung beizustehen; es gehört mehr dazu, als wir uns zutrauen dürften. Aber ist es vermessen, darauf zu hoffen, daß uns auch im Abgrund des Verstummens die Kraft zu Hilfe kommt, die uns zu Zeigenden macht? Prediger und Predigerinnen sind gerufen, mit ihrem Wort und mit dem, was sie in es hineinlegen dürfen, weil es ihnen geschenkt und zugemutet ist, zu helfen, daß den Menschen der Himmel nicht verriegelt erscheint. Bischof Wanke zeigt immer wieder, wie die gute Botschaft zum guten Wort wird, das sich nicht anbiedern muß, um den Menschen nahe zu kommen; das sich nicht dazwischendrängt und dennoch Türen öffnet, Menschen herausruft und ihnen zeigen kann, daß der Himmel über uns nicht vollständig verriegelt ist. Damit der Himmel für die Menschen offen ist, dürfen und müssen die Verkünder der guten Botschaft auf Erden viel tun: ihr Handwerk lernen; sich dem Buch der Bücher und dem Buch des Lebens immer wieder neu aussetzen; studieren, was sich durch Studium erwerben läßt – und hinhören, geduldig hinhören auf die Klagen, die Fragen und die guten wie die schlechten Erfahrungen der Mitmenschen.

Entscheidend dabei ist gewiß: daß man ihnen das Wort, das sie verkünden, ein wenig ansieht; daß ihr Verkündigungswort ein menschlich-solidarisches Wort ist, weil es menschenlebenshaltig geworden ist und dem Evangelium so – bei allem menschlichen und homiletischen Scheitern – ein menschliches Gesicht geben kann. Wer es darauf ankommen läßt, muß nicht volkstümlich sein, um mit seinem Wort bei den Menschen anzukommen.

Cornelia Coenen-Marx

Von der Freiheit zur Einmischung
Eine politische Predigt
von Landesbischöfin Margot Käßmann

Predigt ist öffentliche Rede, offen für alle, die kommen wollen. Sie hat keine Nischenexistenz und vermittelt keine Geheimbotschaft, sondern sie sagt das Evangelium, Gottes Wort in unsere Zeit. Dabei wird sie manches Mal anecken, denn die Bibel zeichnet gar oft eine Kontrastgesellschaft gegenüber dem Vorhandenen«, schreibt Margot Käßmann in ihrem jüngsten Buch *Kirche in gesellschaftlichen Konflikten*.[1] Und weiter: »Das Evangelium fordert nicht zur frommen Weltflucht auf, sondern spricht mitten hinein in die Welt.«[2] Daß davon Provokation ausgehen kann – gerade in gesellschaftlichen Konflikten –, so daß die Kirche sich mit dem Vorwurf auseinandersetzen muß, einseitig Stellung zu beziehen und dabei das Evangelium vor den Karren der eigenen politischen Überzeugung zu spannen, weiß die Bischöfin sehr wohl. Darum reflektiert sie nach den ersten Amtsjahren die Spannung zwischen dem pastoralen Auftrag ihres Amtes, dem »Zusammen-hüten«, und der Orientierungsfunktion, die dieses Amt eben auch hat. Schließlich ist es »ein öffentliches Amt, von dem zu Recht öffentliche Stellungnahme erwartet werden kann«. Und das gilt in gleichem Maße auch für das Pfarramt im allgemeinen.

Politisch Lied – ein garstig Lied? Die Reaktion auf eine »politische Predigt« besteht aber immer noch aus einer Mischung von Verlegenheit,

---

1. Margot Käßmann, *Kirche in gesellschaftlichen Konflikten. Kirchenleitende Predigten*, Stuttgart 2003, 245.

2. A.a.O. (Anm. 1), 243.

kritischer Zurückhaltung und Ärger. Die Kritiker, auch in der sogenannten »Kerngemeinde«, sind häufig der Auffassung, die Kirche und ihre Amtsträger überschritten mit einer solchen Predigt die Grenzen ihrer Zuständigkeit. Privilegiert durch ihre Rolle im Gottesdienst, geschützt durch den liturgischen Rahmen, führten die Pfarrerinnen und Pfarrer die Gemeinde auf vermintes Gelände, ohne dafür hinreichend kompetent zu sein. Und dabei könnten sie sich – anders als die Vertreter von Parteien und Interessengruppen – mit ihrer Meinung meist nicht einmal auf die Mehrheit der Mitglieder stützen.[3]

Eine Untersuchung der Konrad-Adenauer-Stiftung vom Mai 2003 zeigt: Von ihren Pfarrerinnen und Pfarrern erwarten die Gemeindeglieder vor allem Hilfe bei persönlichen (69%) und religiösen Fragen (56%). Nur 33% der Mitglieder möchten Politik zum Gesprächsthema machen. Kompetenz wird der Kirche bei seelsorgerlichen und karitativen Themen zugesprochen, Fürsorglichkeit und Schutz ist bei öffentlichen Auftritten der Kirche gefragt: Wo es um die Menschenrechte oder um Krieg und Frieden geht, um die Sterbehilfe für unheilbar Kranke oder den Schutz von Ehe und Familie, da wird die Kirche gehört, da klingen die Zehn Gebote mit. Deutlich weniger Zustimmung erhalten kirchliche Stellungnahmen zur Wirtschafts- und Sozialordnung. »Hier vermutet man die Expertise bei anderen gesellschaftlichen Akteuren«, schreibt Johannes Koecke.[4]

Tatsächlich stellt das »Sozialsystem Kirche« in unserer hochdifferenzierten Gesellschaft nur noch ein gesellschaftliches Subsystem unter anderen dar; in der Art, wie es Sinn konstituiert, steht es in einem Ergänzungsverhältnis, wenn nicht sogar in einem Konkurrenzverhältnis zu Politik, Recht und Medien, selbst wenn religiöse Symbole auch in anderen Institutionen genutzt werden. Wenn Vertreter und Vertreterinnen der Kirche sich also mit ihren Äußerungen in den Raum der

---

3. Vgl. Hans Apel, *Volkskirche ohne Volk*, Gießen 2003.

4. *Religion – Politik – Gesellschaft. Ergebnisse einer repräsentativen Umfrage*, epd-Dokumentation 21/2003.

Politik begeben und dabei auf die biblischen Bilder und Texte zurückgreifen, die unsere Gesellschaft konstituiert haben, entsteht Reibung. Dann wird deutlich, daß es für Christinnen und Christen keine Eigengesetzlichkeit gesellschaftlicher Bereiche gibt, keine Sonderwelt, die vom Zuspruch und Anspruch des Evangeliums ausgeschlossen wäre.[5] Mit ihren politischen Äußerungen erinnert die christliche Gemeinde die Bürgergemeinde an das kommende Reich, in dem die Macht der Liebe sich »unwiderruflich und unübersehbar als das Zentrum aller das Leben gestaltenden Macht erweisen wird«[6]. Wer von dieser Mitte her denkt, wer Alltag und Politik, Wirtschaft und Medien in das Licht des Reiches Gottes stellt, erzeugt Kontraste, macht Licht und Schatten deutlich. Das kann überraschende Perspektiven bieten – für die Christen, die ihr Licht schon unter den Scheffel des Kirchenraums gestellt haben, wie für die Bürger, die Politik normalerweise von den Medien ausleuchten lassen.

Erinnerung an das kommende Reich Gottes. »Die Kirche hat der Welt, die in der Gefahr ist, Gottes Wort zu vergessen, die Botschaft auszurichten, daß das Leben von Staat und Volk in der Verantwortung vor Gott steht«, sagt Margot Käßmann in einer Predigt am Bußtag 1999 in der Marktkirche in Hannover.[7] Innerkirchliche Selbstreflexion ist also nicht die erste Aufgabe; Predigt ist öffentliche Rede, sie steht im Dialog mit allen Bürgern und gesellschaftlichen Gruppen, gleichgültig, ob sie kirchlich gebunden sind oder nicht, ob sie den Gottesdienst besuchen oder nicht. Und weil das Evangelium aller Welt gilt, ist es so bitter, daß die Predigt als öffentliche Rede nur noch eine sehr begrenzte Öffentlichkeit findet.

---

5. Barmer Theologische Erklärung von 1934, These 2.

6. Eberhard Jüngel, zitiert bei H.-D. Wille, *Sein Licht nicht unter den Scheffel stellen*, in: Klaus Rieth, *Kirche hat etwas zu sagen*, Stuttgart 1998.

7. Marktkirche Hannover, a.a.O. (Anm. 1), 17.

In der Mediengesellschaft wird Öffentlichkeit durch die Medien definiert. Aber selbst in gut besuchten Gottesdiensten sitzen kaum je Journalisten, die mitschreiben oder ein Aufnahmegerät laufen lassen. Zwar ist immer noch eine Meldung wert, was der Vorsitzende des Rates der Evangelischen Kirche in Deutschland (EKD) oder der Vorsitzende der katholischen Deutschen Bischofskonferenz zu Weihnachten oder zu Karfreitag sagen, doch lassen sich die entsprechenden Zitate in den Pressestellen der Landeskirchenämter abrufen, auch ohne daß man die dazugehörige Predigt hören muß. Auch ein Bischof kann den Gepflogenheiten der Mediengesellschaft nicht entgehen und eine Bischöfin wohl erst recht nicht. Aber die allfälligen Zitate zu aktuellen gesellschaftlichen Fragen, die in stillschweigendem Zusammenspiel von kirchlicher Öffentlichkeitsarbeit und medialem Interesse an relevanten Stoffen in die Medien eingespeist werden, haben einen Schönheitsfehler: sie werden im Prozeß der Meinungsbildung selektiv verarbeitet. So wird die politische Äußerung einmal mehr von ihrem christlichen Glaubensgrund abgetrennt und zu einem beliebigen Baustein im öffentlichen Diskurs.

Nun ist aber die Predigt nicht irgendein öffentlicher Vortrag. Daran erinnert auch Margot Käßmann. »Zuerst kommt der Text bzw. – mit Blick etwa auf eine semiotische Homiletik, die den Text gern am Ende sieht – die Predigt entsteht vom Text her. Das unterscheidet sie von jedem anderen Kommentar zur Situation, sie kommt von einem Text her, geht auf einen Text zu oder kreist um einen Text, der von außen in die Situation spricht. Die biblische Vorgabe ist für mich als Grundlage der Predigt entscheidend, damit es nicht beliebige persönliche Rede wird. In der genannten Dreiecksbeziehung zwischen Text, Predigerin und Hörenden spielt der Kontext ... selbstverständlich eine entscheidende Rolle ...[8]«

---

8. A.a.O. (Anm. 1), 243.

Eine Osterpredigt. Die Osterpredigt zu Markus 16,9-15 vom 22. April 2001[9], die im gleichen Jahr mit dem Predigtpreis ausgezeichnet wurde, ist ein gelungenes Beispiel für die Verbindung von Kernelementen des christlichen Glaubens mit eindeutigen und unmißverständlichen Aussagen zum gesellschaftlichen Diskurs.

K*urz nach meinem Dienstantritt wurde ich mit dem Fall eines Pastors konfrontiert, der sich auf der Kanzel rasiert hatte.* »*Werden Sie ihn disziplinarrechtlich belangen?*«*, war die Frage. Ich habe gesagt:* »*Er hat sich auf der Kanzel rasiert? Das glaube ich nicht!*«

Und so kam es zum Gespräch mit dem Pastor, der erklärte, genau das sei doch der Sinn gewesen. Er habe am Sonntagmorgen auf der Kanzel Rasierschaum und Pinsel heraus geholt, sich in Seelenruhe rasiert, in den Spiegel geguckt und dann zur Gemeinde gesagt: »*Wenn Sie jetzt nach Hause gehen und das erzählen, wird Ihnen jeder sagen: Das glaube ich nicht.*« *Genauso war es an Ostern, als die ersten erzählt haben:* »*Er ist auferstanden, er ist wahrhaftig auferstanden!*«

Bis heute bin ich mir nicht ganz sicher, ob ich das nun einen hilfreichen Zugang finde oder nicht. Das Rasieren auf der Kanzel und die Auferstehung sind denn doch noch zwei verschiedene Paar Schuhe. Aber dennoch hat der Pastor hier einen Punkt erwischt: Den Unglauben der ersten Jüngerinnen und Jünger, der bis heute mit Blick auf die Auferstehung uns Menschen prägt. Der Predigttext für den heutigen Sonntag, eine Woche nach Ostern, steht bei Markus im 16. Kapitel. Dort heißt es in den Versen 9ff.:

»*Als aber Jesus auferstanden war früh am ersten Tag der Woche, erschien er zuerst Maria von Magdala, von der er sieben böse Geister ausgetrieben hatte. Und sie ging hin und verkündete es denen, die mit ihm gewesen waren und Leid trugen und weinten. Und als diese hörten, daß er lebe und sei ihr erschienen, glaubten sie es nicht. Danach offenbarte er sich in anderer Gestalt zweien von ihnen unterwegs, als sie über Land gingen. Und die gingen auch hin und verkündeten es den andern. Aber auch denen glaubten sie nicht. Zuletzt, als die Elf zu Tisch saßen, offenbarte er sich ihnen und schalt ihren Unglauben und ihres Herzens Härte, daß sie nicht*

9.　A.a.O. (Anm. 1), 30.

geglaubt hatten denen, die ihn gesehen hatten als Auferstandenen. Und er sprach zu ihnen: Gehet hin in alle Welt und predigt das Evangelium aller Kreatur.«

Liebe Gemeinde, diese Textpassage wird von Exegeten »der unechte Markus-schluß« genannt. Das ursprüngliche Evangelium, eines der frühesten Zeugnisse der Christenheit, endete mit dem Satz:»Und sie gingen hinaus und flohen von dem Grab; denn Zittern und Entsetzen hatten sie ergriffen und sie sagten niemandem etwas, denn sie fürchteten sich.« So enden die Aufzeichnungen des Markus.

Gut hundert Jahre später wird unser Predigttext als neuer Schluß an das Evangelium angefügt. Mehr als hundert Jahre nach dem Tod Jesu ist deutlich: Es endete eben nicht mit Zittern und Entsetzen. Nein, Neues hat begonnen, die Jüngerinnen und Jünger haben allmählich begriffen: Mit dem Tod Jesu am Kreuz war eben nicht alles zu Ende. Nein, das Sterben Jesu, es ist erst der Anfang des Lebens. Das Evangelium muß weiter geschrieben werden, denn die Osterbotschaft hat schließlich die Jüngerinnen und Jünger überzeugt, ermutigt zum Glauben. Die Auferstehungs-botschaft ist das Zentrum des Evangeliums. Wir wissen aber auch, daß die Oster-botschaft das Unglaublichste an unserem christlichen Glauben ist. Und das war von Anfang an so. Gerade Maria von Magdala! Eine Frau. Sieben böse Geister hat er ihr ausgetrieben und die erzählt nun, er sei auferstanden. So ein Unsinn. Verdräng-te Liebesgefühle, Verlustängste – ein Psychotherapeut sollte da mal ran.

Zwei sind unterwegs und meinen, ihn getroffen zu haben. Wie soll man denen denn glauben? Halluzinationen. Einen Trauerprozeß haben die nötig. Gibt es nicht einen qualifizierten Arzt, der da etwas verschreiben kann?

Von Anfang an gehört zum Glauben der Unglaube, das Bestreiten. Das kann doch nicht sein. Das ist doch naiv. Völlig unwissenschaftlich. Gegen jede Erfah-rung, gegen jedes Wissen! Das ist von Herrn Lüdemann gar nicht neu formuliert worden, sondern 2.000 Jahre alt. Wie kann er auferstanden sein? Wie soll das möglich sein? Vor drei Tagen habe ich bei einer Diskussionsveranstaltung erklärt: Ohne die Auferstehung gibt es keine Verkündigung des christlichen Glaubens. Hinterher kommentierte jemand:»Na ja, das müssen Sie als Bischöfin natürlich sagen.« Ich habe gekontert:»Sie werden lachen, ich glaube das tatsächlich!«

Wir haben es mit Weihnachten da wesentlich leichter. Die großen Gefühle, die Familie, Vater, Mutter und Kind, das sind einfache Assoziationen. Aber Ostern? Ich habe das in der EZ erzählt, kurz vor Ostern bekam ich den Anruf einer Jour-

nalistin, die mir sagte: »*Wir brauchen noch etwas zu Ostern von Ihnen – aber bitte nichts mit Jesus.*« Aber Ostern geht nicht ohne Jesus und nicht ohne Auferstehung. Ostern sind eben nicht nur Eier, Häschen, Küken, Osterfeuer und Osterwasser, sondern Ostern ist der Glaube daran, daß Gott unser Leben über den Tod hinaus hält. Wie das aussehen wird, das wissen wir nicht. Und darüber müssen wir auch nicht spekulieren. Aber wir dürfen darauf vertrauen, daß Gott uns bei unserem Namen gerufen hat und dieser Name bei Gott geborgen sein wird, auch wenn wir längst gestorben sind. Gerade das führt Christinnen und Christen nicht zur Weltflucht, sondern gibt uns die Freiheit, uns der Welt und ihren Herausforderungen zuzuwenden.

Liebe Gemeinde, nur von diesem Osterglauben her können wir meines Erachtens den Mut haben, uns ganz offen mit dem Tod auseinander zu setzen. Wir leben ja in einer Zeit, die geradezu panische Angst vor dem Tod hat. Er wird abgeschottet in vermeintlich klinisch saubere Bereiche. Bloß weg aus meinem Gesicht. Bloß keinen Sterbenden zu Hause behalten, das ist ja furchtbar, das kann doch niemand mit ansehen. Jeder möchte schnell und zügig sterben. Und so befürworten 78% der Deutschen Euthanasie. Unter den Christen sagen nur 14% der Evangelischen und 18% der Katholiken: »Über Leben und Tod darf nur Gott entscheiden.« Für mich ist das ein Signal dafür, wie groß die Angst vor dem Tod ist, wie wenig Menschen sich mit ihm befassen und wie groß die Distanz zum christlichen Glauben geworden ist.

Vor kurzem habe ich mit Herrn Dr. Admiraal, einem holländischen Arzt, diskutiert, der schon über hundert Menschen aktiv Sterbehilfe geleistet hat. Wir haben heftig miteinander gestritten, weil ich persönlich aktive Sterbehilfe in keiner Weise befürworten kann. Am Ende des Interviews wurden wir beide gefragt, wie wir sterben möchten. Herr Admiraal antwortete: »Ich möchte bei vollem Bewußtstein sterben. Damit ich mich verabschieden kann.« »Und dann?«, fragte die Journalistin, »kommt dann noch etwas?« »Nichts, gar nichts«, sagte Herr Dr. Admiraal. »Es gibt keine Existenz nach dem Tod. Das ist das Ende. Das Leben ist zwecklos und sinnlos.«

Ich glaube tatsächlich, daß Lebensmut und Todesmut im positiven Sinne zusammengehören. Wenn ich glauben kann, daß Gott mein Leben hält und trägt über den Tod hinaus, dann muß ich dem Tod auch nicht ausweichen. Ich muß keine

Furcht vor dem Tod haben. Daß Menschen Angst vor dem Sterben und dem Tod haben, das ist ganz normal. Wir kennen das Sterben nicht und den Tod, und alles Unbekannte macht zunächst Angst. Aber daß so viele Menschen aktive Sterbehilfe befürworten, das drängt uns viererlei zu tun:

— Zum einen gilt es, die Palliativmedizin zu stärken. Sobald Menschen erfahren, daß es möglich ist, schmerzfrei in den Sterbeprozeß zu gehen, sinkt die Zahl der Befürworter der aktiven Sterbehilfe auf 36%. Und es gibt Schmerztherapien, die ein Sterben in Würde ermöglichen.

— Wir müssen außerdem die Hospizbewegung stärken. Für viele Familien ist es schwer, gerade diesen letzten Pflegeprozeß zu Hause durchzuführen. Ich meine, Sterbende gehören nicht in ein Krankenhaus, das ja gesund machen soll. Nein, Sterbende gehören in eine eigene Umgebung, wo sie liebevoll und begleitet diesen letzten Weg gehen können in Würde.

— Wir sollten deutlich machen, daß beispielsweise in den Niederlanden ein Viertel aller Euthanasieopfer ohne ihre persönliche Einwilligung getötet werden. Und wenn nun noch die Todespille für Sterbewillige kommt, Alte, Selbstmordgefährdete. Wäre es nicht plötzlich ein Druck auf die Alten, nun endlich zu gehen? »Man schämt sich ja schon, so alt zu werden«, sagt mir die alte Dame. »Wir belasten der Krankenversicherungen und stellen die Alterspyramide auf den Kopf ...« Freie Entscheidung? Die Sache ist hochproblematisch und nicht im Namen der Freiheit zu verteidigen.

— Und schließlich denke ich, die christlichen Patientenverfügungen, Patientenverfügungen überhaupt, sind anzuerkennen. In der Verfügung, die wir als Kirchen herausgegeben haben, heißt es: »An mir sollen keine lebensverlängernden Maßnahmen vorgenommen werden, wenn medizinisch festgestellt ist, daß ich mich im unmittelbaren Sterbeprozeß befinde oder es zu einem nicht behebbaren Ausfall lebenswichtiger Funktionen meines Körpers kommt. Ärztliche Begleitung sowie sorgsame Pflege sollen in diesen Fällen auf die Linderung von Schmerzen, Unruhe und Angst gerichtet sein, selbst wenn durch die notwendige Schmerzbehandlung eine Lebensverkürzung nicht auszuschließen ist. Ich möchte in Würde und Frieden sterben können ...«.

Das ist passive Sterbehilfe, die ich für richtig halte. Hierüber müssen wir mit Pflegekräften, Ärztinnen und Ärzten, Angehörigen in ein Gespräch kommen.

Auch sie müssen ermutigt werden, das Sterben, das sie so vielfach erleben, als Teil des Lebens wahrzunehmen.

Es geht gar nicht anders, als von der Auferstehung her in diesen Tagen auf die Frage der Sterbehilfe zu blicken. Wir sprechen vom Auferstandenen und nicht von einem Toten. Dieser Glaube gibt uns Lebenskraft. Dieser Glaube kann uns halten und tragen, da wo wir andere im Sterben begleiten, wo wir einen geliebten Menschen verlieren und wo wir selbst im Sterbeprozeß stehen. Ich habe das zum ersten Mal verstanden, als ich als junge Pastorin mit 28 Jahren zum ersten Mal ein Kind beerdigen mußte. Die Eltern hatten die kleine Marie-Louise, 5 Jahre alt, in ihrem Kinderzimmer aufgebahrt. Eine Barbiepuppe in der einen Hand, einen Strauß Schneeglöckchen in der anderen. Vom Hof, auf dem sie gelebt hatte, haben wir sie hoch zum Friedhof getragen. Nahezu das ganze Dorf kam mit. Und am nächsten Tag, da waren sie wieder auf dem Feld, die Eltern. Der Tod war bei allem Schmerz in das Leben integriert.

Gerade weil unser Gott lebt, Leben will und dem Leben zugewandt ist, ist es möglich, das Sterben anzusehen. Jesus hat uns gezeigt, daß Leiden zum Leben gehört. Ein Leben ohne jede Erfahrung von Leid ist auch kein erfülltes Leben. Wer Leiden kennt, kennt auch Lebenslust. Zum Leben in Fülle gehören Freude wie Leid.

Auferstehungshoffnung und evangelische Zeitansage. Hier wird die Auferstehungsbotschaft in den Kontext der leidenschaftlichen und kontroversen Diskussion um die Möglichkeiten und Grenzen der Sterbehilfe gestellt. Dabei hält sich die Predigt ganz unaufgeregt an die Perikopenordnung. Sie sucht nicht das Besondere und Überspitzte, verschmäht aber auch nicht das Anekdotische und Ironische. Sie schielt nicht auf dem Hauptstrom der öffentlichen Vorurteile und Klischees, sondern bleibt im Zentrum der neutestamentlichen Botschaft. Ganz nah am Evangelium. Und bei den Menschen, für die diese Botschaft bestimmt ist.

Die haben Schwierigkeiten mit der Auferstehungsbotschaft. Wer hätte die nicht? Um das herauszufinden, braucht es keinen Gerd Lüdemann mit seinem Interesse an öffentlicher Selbstdarstellung und keinen

Spiegel mit seiner notorischen Kirchenkritik. Ein Blick ins Neue Testament genügt. Da kommen Menschen mit ihren Erfahrungen zu Wort. Erfrischend unprätentiös, durchaus selbstkritisch, mit Ecken und Kanten erzählen sie von ihren Ängsten, Zweifeln und Unsicherheiten. Ganz anschaulich wird, wie unerwartet die Auferweckung Jesu all unsere Erwartungen auf den Kopf stellt. Margot Käßmann läßt keinen Zweifel aufkommen, daß es dieses Zeugnis ist, das sie bewegt. Diese Erfahrung, diese Hoffnung auf Auferstehung ist der Grund für alle Verkündigung, für alles Predigen. Und wer 110 Zeilen Ostern – aber bitte ohne Jesus – will, ist bei Frau Käßmann an der falschen Adresse.

Dabei trägt sie ihre Position mit wünschenswerter Klarheit, aber ohne jede Überheblichkeit vor. Auch da, wo sie sich mit anderen Meinungen auseinandersetzt, spricht sie mit Respekt von ihrem Gegenüber – ja, eigentlich spricht sie mit ihrem Gegenüber. »Wer mit Gott reden will, ohne mit den Menschen zu reden, dessen Wort vollendet sich nicht. Wer aber mit den Menschen reden will, ohne mit Gott zu reden, dessen Wort geht in die Irre«, hat Martin Buber gesagt. Es ist dieser Respekt vor beiden, der Margot Käßmanns Rede in hohem Maße glaubwürdig macht.

Walter Jens hat vor Jahren darauf hingewiesen, daß es in der Predigt nicht darum geht, eine Ware namens Gott zu »verkaufen«. Der Prediger »ist weder ein Krämer noch ein Reklameagent. Er spricht nicht ... als Agitator, sondern bezieht, in einem Akt des Lautdenkens, die Gemeinde in seinen Denkvorgang ein. Er ist also das Gegenteil eines Propagandisten: Wenn er von Gott spricht, dann in der Frageform. Wenn er Ihn nennt, dann setzt er Seinen Namen in Anführungszeichen. Wenn er die Wirklichkeit beschwört, dann als eine Realität, die Gott, der Herr, fragwürdig macht.«[10]. Jens behauptet nicht, daß in der christlichen Rede von Gott alles fraglich und nichts gewiß sei. Das läßt sich schon daran erkennen, daß er ohne Bedenken von »dem Herrn« redet,

---

10. *Die christliche Predigt: Manipulation oder Verkündigung?* Rede auf dem Deutschen Pfarrertag 1976, München 1976.

wo er Gott meint. Aber er sieht den Prediger, die Predigerin auf einem Weg »an der Grenze zwischen Gewißheit und Zweifel«, zwischen Licht und Schatten, und da kommt unsere Wirklichkeit als eine von Gott her fragwürdige Realität in den Blick. Und umgekehrt: Wer wirklich hinsieht auf unseren Umgang mit Leiden und Tod, der wird die Frage nach Gott neu stellen.

Was folgt aus der Botschaft von der Auferstehung der Toten im Blick auf die herrschende Angst vor dem Tod? Was bedeutet es für die Begleitung Sterbender, daß Gott das Leben liebt – bis hin zum Tod am Kreuz? Die Antworten, die Margot Käßmann in ihrer Predigt gibt, werden zur protestantischen Zeitansage. Der gängigen Bagatellisierung der aktiven Sterbehilfe stellt sie eine in sich geschlossene und sorgfältig begründete Gegenposition gegenüber. Und nun ist beinahe jeder Satz zitierfähig, auch ohne mitlaufende Kameras oder Tonträger. Und es wird deutlich, wie aus dem Osterglauben Mut zum Leben erwächst, Mitleid mit Kranken und Leidenden, Energie zur Überwindung gesellschaftlicher Defizite in Medizin und Gesundheitswesen. Und niemand wird im Unklaren über den Weg gelassen, der nach Meinung der Landesbischöfin gesellschaftlich angezeigt ist.

Auch in diesem – sagen wir: programmatischen – Teil ihrer Osterpredigt bleibt die Predigerin ganz nah bei den Empfindungen und Gefühlen ihrer Zuhörerinnen und Zuhörer und läßt beispielhaft anschaulich werden, wohin ein getrostes Festhalten an der Osterbotschaft im Alltag des Lebens führt. Da bewährt sich der Mut der Grenzgängerin – zwischen Gewißheit und Zweifel, zwischen Kanzel und Talkshow. Ihre Sätze sind einfach und doch überlegt, ganz konkret und ganz menschlich.

Glaubwürdig politisch predigen. Mit diesem Beispiel sind wesentliche Aspekte für die Glaubwürdigkeit »politischer Predigt« markiert:

1. Die »Situation«, die die politische Äußerung hervorruft, muß erkennbar eine kirchliche Stellungnahme herausfordern oder erwarten

lassen. Dabei ist die Agenda des öffentlichen Diskurses in der Regel nicht von den Kirchen, sondern von anderen gesellschaftlichen Kräften oder medialen Interessen, eben von der »Tagesordnung der Welt« bestimmt. Das gilt, wie das Beispiel der Weihnachts- und Osterbotschaften zeigt, inzwischen selbst für die Festzeiten des Kirchenjahres. Die Adventskampagne der Evangelisch-lutherischen Landeskirche Hannovers (»Advent ist im Dezember«) ist eine seltene Ausnahme, weil es hier gelungen ist, die Interpretationshoheit wieder zu gewinnen.

2. Der Zusammenhang zwischen Glaubensgrund und politischer Äußerung muß allgemein verständlich und erkennbar plausibel formuliert werden können. Dabei ist auf eine »persönliche« Sprache zu achten, die bei der Auseinandersetzung mit gesellschaftlichen Fragen die Adressaten im Kirchenraum nicht aus den Augen verliert. Schließlich steht deren Lebenswirklichkeit zur Debatte, deren Angst und Hoffnung, deren Glaube und Christsein ist berührt, wo die Menschlichkeit in Frage gestellt ist, wo Barmherzigkeit und Recht verhandelt werden. Die Hörer, die gekommen sind, um Vergewisserung im Glauben zu finden, so auf ihr Leben hin anzusprechen, erfordert Konkretion und Anschaulichkeit. Eine solche persönliche Sprache ist dann auch ein gewisser Schutz gegen die Instrumentalisierung kirchlicher Äußerungen im öffentlichen Meinungsstreit. Sie macht klar: Hier geht es nicht darum, daß die Kirche ihren »geschwundenen geistlichen Einfluß auf die individuelle Lebensführung verdecken und ... gesellschaftliche Präsenz vortäuschen will«.[11]

3. Um Instrumentalisierung zu vermeiden, ist es allerdings notwendig, den Legitimitätsrahmen, in dem politische Predigt möglich ist, zu beachten. Nicht alles und jedes, was aktuell ist, berechtigt zu einer kirchlichen Stellungnahme. Bisweilen zeigt sich aus dem Abstand, daß spontane Äußerungen, die tagesaktuell einleuchtend sind, sich nicht der Besinnung auf den christlichen Glaubensgrund verdanken,

---

11. So Christian Geyer in: *Nach Gott fragen*, in: *Merkur* 9/10 (1999).

sondern einer ganz persönlichen Reaktion auf aktuelle politische Debatten. »Macht das Evangelium tatsächlich eine Vorgabe in Fragen der Gentechnologie? Hier muß deutlich werden: Die Predigerin zieht aus der Bibel, beispielsweise aus dem christlichen Menschenbild, bestimmte Schlußfolgerungen. Sie macht eine Vorgabe. Aber es kann für Christinnen und Christen durchaus auch andere Schlußfolgerungen geben, wenn sie im Licht des biblischen Zeugnisses reflektiert werden.«[12] Margot Käßmann macht Mut zu einer evangelischen Streitkultur. Sie lädt auch die Hörer ein, zwischen Gewißheit und Zweifel den eigenen Standpunkt zu finden, statt sich herauszuhalten aus »vermintem Gelände«.

An der Grenze standhalten. Mit aktuellen Streitfragen konfrontiert, kommt auch die Predigerin gelegentlich an die Grenze ihrer Möglichkeiten. Zum Beispiel beim Castor-Transport durch Lüchow-Dannenberg. Was soll die Landesbischöfin den Bürgerinnen und Bürgern, die in der Region wohnen und arbeiten, den Demonstranten und Polizisten sagen, was diese nicht längst wüßten und tausendfach erörtert hätten? »Die Bischöfin kann Ihnen in der Sache nichts Neues sagen. Sie alle sind mehr Expertinnen und Experte in diesen Fragen als ich selbst.«[13] Aber vielleicht birgt gerade diese Grenzerfahrung Hoffnung. In ganz einfachen Sätzen macht Margot Käßmann in ihrer Predigt deutlich, was es in dieser Situation heißt, an der Grenze zu sein. Zuhören, verstehen, was die einen sagen, und zuhören und verstehen, was die anderen sagen. An der Konfliktlinie standhalten, mit klaren Positionen, aber ohne Gewalt.

Hier zeigt sich: Authentizität der Rede, Bescheidenheit, einfühlsames Verständnis für die konkrete Situation, Hoffnung auf Zukunft hin, das sind die Elemente, die eine »politische« Predigt relevant machen. Sie machen klar: hier geht es weder um Beschwichtigung noch um un-

---

12. Margot Käßmann, *Kirche in gesellschaftlichen Konflikten*, a.a.O. (Anm. 1), 243.

13. A.a.O. (Anm. 1), 27.

erlaubte Einmischung von außen. Hier geht es um die Hörer und ihre Zukunft. Hier fungiert die Kirche nicht als Integrationsfaktor in einer pluralistischen Gesellschaft, füllt nicht die Lücken aus, »die der Betrieb Bundesrepublik reißt«. Standhalten im Glauben ist etwas anders als »lammfrommes Mitmachen bei moralischen Sprachspielen«, wie Christian Geyer kirchliche Stellungnahmen wahrnimmt.[14]

Inwiefern können die Abendandacht, zur der am Abend des 11. September spontan in die Marktkirche in Hannover eingeladen wurde (immerhin nahmen fast 1.000 Menschen teil) und der Gottesdienst zur Eröffnung der Sitzungsperiode des niedersächsischen Landtages, der am Morgen danach stattfand, »politisch« sein?[15] Ganz sicher in dem Sinne, daß die Kirche hier – wie an vielen anderen Orten in diesen Tagen – auf eine tiefgreifende existentielle Erschütterung des Gemeinwesens einging. Natürlich läßt sich nicht von der Hand weisen, daß die Kirche in solchen Situationen die Rolle als Sinndeuterin für scheinbar Sinnloses und als Stabilisierungsfaktor für ein erschüttertes Gemeinwesen übernimmt, die ihr die *civil religion* zuweist. Manchem mögen sich dabei die Haare sträuben; die Versuchung ist groß, sich in solchen Situationen mit einem scheinbar guten Gewissen aus der Verantwortung zu stehlen. Dann ist es gut, sich einzugestehen, daß auch bei anderen Kasualgottesdiensten der Kirche alle Beteiligten ihre eigenen Deutungsschemata mitbringen. Die Aussagen der Predigt werden diesen mitgebrachten Deutungsschemata angepaßt und manchmal ziemlich ungeniert umgedeutet. Daß dieser Mechanismus in besonderem Maße bei politischen oder gesellschaftlich relevanten Fragestellungen greift, ist nicht weiter verwunderlich.

Es wird also auch hier darauf ankommen, daß die christliche Predigt die bestehenden Deutungsmuster nicht einfach verstärkt, sondern aus der Erinnerung an die Kraft des Evangeliums bei den Hörerinnen und

---

14. Christian Geyer, *Wohin mit der Heilsanstalt?*, in: *Nach Gott fragen*, in: *Merkur* 9/10 (1999).

15. A.a.O. (Anm. 1), 56ff.

Hörern Vertrauen und Hoffnung weckt und neue, überraschende Perspektiven einfügt. Solche Korrekturen erfordern einen gewissen Mut; aber was der Kasualpredigt bei einer Trauung oder Bestattung abverlangt werden kann, darf auch der Predigt bei einem öffentlichen Kasus zugemutet werden. Dabei darf sich solcher Mut nicht nur einem trotzigen »Dennoch« verdanken – um das zu sagen, genügen auch Wut und Empörung. Die christliche Predigt will mehr. Sie wird versuchen, die Menschen des erschütterten Gemeinwesens vor die Gottesfrage zu stellen und dabei die Verantwortung für Vergangenheit und Zukunft nicht aussparen.

Spuren Gottes in der Welt. 15 Jahre nach der Tschernobyl-Katastrophe hat Margot Käßmann die Frage nach der politischen Verantwortung für solche Katastrophen aufgegriffen.[16] In einfachen, anschaulichen Szenen verbindet die Predigt persönliche Erinnerungen und schwerwiegende theologische Fragen, deren Erörterung oft genug im Dickicht theologischer Behauptungssätze endet. Wer will schon die Theodizeefrage lösen, an der selbst Leibniz gescheitert ist? Nicht daß die Bischöfin das könnte – aber mit einem Impuls aus Jesaja 54 kann sie der Frage nach der Verantwortung eine neue Richtung geben. Nicht Gottes Wegsehen von seiner Welt evoziert die Katastrophe, das Wegsehen der Menschen kommt in den Blick. Wo aber Menschen hinsehen und mit Taten der Liebe Hoffnungszeichen setzen, da wächst auch die Hoffnung auf eine neue Erde, da entdecken wir auf der gefallenen Erde die Spuren der Liebe Gottes.

Dieses Motiv von den Spuren Gottes in der Welt begegnet uns in Käßmanns Predigten immer wieder. Gott vertrauen, die Spuren seiner Liebe suchen und finden, braucht manchmal den »Senfkornglauben« der ersten Jüngerinnen und Jünger. »Wir brauchen unseren Glauben, um deutlich zu sagen, daß der Ruf Gottes ein Ruf zum Frieden ist. Wir dürfen unser Vertrauen nicht wegwerfen, sondern müssen immer wie-

16. Neustädter Kirche, 26.4.01, a.a.O. (Anm. 1), 35.

der sagen: Gott ist in Christus an der Seite der Menschen, die leiden. Gott will das Gute, nicht das Böse. Der Mensch hat die Fähigkeit zum Guten wie zum Bösen, ja, jeder von uns und jede von uns, wir können wählen. Gottes Option ist offensichtlich«, sagt sie bei einer Predigt in Dublin, nachdem sie die Gewalt in Belfast beschrieben hat: »Es hat nichts, aber auch gar nichts mit Religion zu tun, wenn Christen kleine Schulkinder zu Tode erschrecken.«[17] »Gottes Option ist offensichtlich.« Klar und eindeutig positioniert sich hier auch die Predigerin zu unserer Verantwortlichkeit. Und Klarheit und Eindeutigkeit erwartet sie auch von den Hörern.

Freiheit zur Einmischung. Das Leiden der gefallenen Schöpfung und das Hoffnungsmotiv von den Spuren Gottes erscheint auch in einer Predigt im Berliner Dom[18] – und wird hier mit dem Agapemotiv der Gottes- und Nächstenliebe zur Leitmotivik politischer Predigt.[19] »Mir wird ja nun oft gesagt, ich solle mich gefälligst um das Eigentliche kümmern und mich nicht in Dinge einmischen, von denen ich als Bischöfin nichts verstehe. Solche Dinge wie Gentechnologie, von der nur Wissenschaftler etwas verstehen. Oder solche Dinge wie Armut, von der nur Sozialexperten etwas verstehen. Da sag ich doch: Die Freiheit der Einmischung nehm' ich mir. Denn das Eigentlich im christlichen Glauben ist keine weltabgewandte Sonderexistenz, sondern stets das Gottvertrauen, das mitten in der Welt Gott über allen Dingen liebt und den Nächsten wie sich selbst. Und das deshalb fragt, wo andere sich an Gottes Stelle setzen, wie beispielsweise der DAX. Das fragt, wie es den Schwächsten geht, den Kindern, den Obdachlosen, den Behinderten, den Kranken, der geschundenen Schöpfung. Das sagt: So kann es nicht weitergehen. Aus der Hoffnung auf Gottes Zukunft heraus läßt uns

---

17. A.a.O. (Anm. 1), 69.

18. 25.11.2001, a.a.O. (Anm. 1), 91 ff.

19. Zu den Grundmotiven biblischer Predigt vgl. Gerd Theissen, *Zeichensprache des Glaubens*, Gütersloh 1994, 32 ff.

Spuren legen vom Reich Gottes, laßt uns Haushalterinnen und Haushalter Gottes sein. Selbst wenn das für uns unbequem ist. Selbst wenn das der Spaßgesellschaft als Störung aufstößt. Selbst wenn andere uns nervig finden. Aber wenn wir fröhlich und mutig und mit Gottvertrauen diese Spur legen – in unserer Welt wäre nicht nur das Seufzen der Kreatur zu hören, sondern auch etwas von dem Wissen, daß die Schöpfung sehr gut war ...« Ohne Einmischung in die Fragen der Welt kann eine der Welt zugewandte Predigt nicht auskommen, wenn sie sich auf den Spuren der leidenschaftlichen Liebe Gottes zu den Armen und Ausgegrenzten sieht. Dabei geht es offenbar um nichts weniger als das erste Gebot, um den Exodus aus Ägypten und Babylon, den Aufbruch der Gemeinde in der Nachfolge Jesu. Wo solche Leidenschaft im Spiel ist, wird die Predigerin in Haltung und Tonfall deutlich machen müssen, daß nicht christliche Besserwisserei, sondern das Evangelium von Gottes Menschenfreundlichkeit ihr Anstoß und ihre Kraftquelle ist.

Und daß dieses Evangelium uns lockt, alle wohlfeile Kritik, pauschale Urteile und arrogante Besserwisserei hinter uns zu lassen, die Selbstrechtfertigung zu beenden, die angeblichen Sachzwänge auf den Prüfstand zu stellen und ehrlich nach Gott zu fragen. »Das wäre eine neue Politik in Deutschland, daß ehrlich gesagt werden kann, wie die Lage wirklich ist.«[20] Diesen Mut zur Wahrhaftigkeit gewinnt die Predigt aus dem Vertrauen auf Gottes Verheißung. Wo sie diese Chance authentisch wahrnimmt und in den Herausforderungen der Gegenwart bei ihrer Sache bleibt, wo sie sich so in den gesellschaftlichen Diskurs einschaltet, daß Menschen den Dialog mit Gott aufnehmen können, da kann sie auch einen politischen Dialog anstoßen, der über den Tag hinaus trägt.

20. A.a.O. (Anm. 1), 207.

Reinhard Schmidt-Rost

»Jahreshauptversammlung«
Thomas Meurer
und die Ansprüche an den Weihnachtsgottesdienst

Der Gottesdienst am Heiligen Abend ist für alle Beteiligten und Nichtbeteiligten eine besondere Veranstaltung; die, die nicht da sind, wissen: heute ist die Kirche gefüllt, man müßte früh hingehen, wenn man noch einen Platz bekommen wollte –, aber der Christbaum ist noch nicht fertig geschmückt, und das Essen sollte rechtzeitig auf dem Tisch stehen, gerade an einem Tag, wo mal die ganze Familie versammelt ist, und die Tochter muß auch noch vom Bahnhof abgeholt werden, und etwas frisch machen möchte man sich dann auch noch für den Abend; also wird der Kirchgang auch in diesem Jahr ausfallen.

Und es gibt die anderen, die gar nicht kommen wollten, weil sie den ganzen frommen Rummel nicht verstehen. Was hat denn so ein Märchenprinz mit der modernen Gesellschaft zu tun? Für die Kinder mag es eine rührende Geschichte gewesen sein, aber so realistisch, wie die Kids heute mit Cyberspace und *virtual reality* hantieren, bleibt da noch Raum für Stall, Krippe und Kreuz? Das kennen die doch gar nicht mehr!

Und es gibt die vielen, die nicht kommen, weil sie krank sind oder arbeiten müssen in Krankenhäusern, auf Bahnhöfen, bei der Polizei, in Gaststätten, und Elektrizitätswerken, damit das Licht nicht ausgeht, und es gibt schließlich die, die überlegt hatten, in die Kirche zu gehen, aber sie wissen nicht so recht, ob sie in diese Gesellschaft hineingehören wollen und vor der Schwelle wieder umkehren.

Und trotzdem ist die Kirche voll, finden sich viele ein bei dieser christlichen Jahreshauptversammlung trotz mancher Vorbehalte gegen die irdische Unternehmensführung.

Und wer da ist, weiß: Heute sind viele Menschen hier, die sonst nicht in die Kirche gehen, Menschen aller Generationen, vom Kleinkind bis zur Großmutter, junge und ältere Erwachsene; auch aus der Gruppe der Berufstätigen, die das Jahr über nur selten kommen können, kommen nicht wenige.

Und es ist in der Tat wie bei einer »Jahreshauptversammlung«: Man trifft sich in großem Kreis, nicht nur der Vorstand. Dafür braucht man ein gemischtes Programm; der Rechenschaftsbericht der Geschäftsleitung mit der Bilanz des vergangenen Jahres und der Darstellung der Ziele und Pläne für das kommenden Jahr und das Rahmenprogramm für die Angehörigen und Familien, bei dem aber auch die Aufgaben des Vereins oder die Ziele des Unternehmens in leicht zugänglicher Form vorgeführt werden.

So erwarte ich auch als Teilnehmer am Weihnachtsgottesdienst einerseits Informationen über das Kerngeschäft des Unternehmens und andererseits ein unterhaltendes Programm für jedermann, das zum Kerngeschäft des Unternehmens paßt.

Das Kerngeschäft: »Eine besondere Art von Liebe«. Das Kerngeschäft der Christenheit ist eine besondere Art von Liebe. Alle Aktivitäten der christlichen Kirchen in der Welt gehen von dieser Kraft aus, auch wenn sie über zweitausend Jahre hin gelegentlich ziemlich blaß wurde. Wen es stört, wer die Rede von Weihnachten als dem Fest der Liebe nicht mehr hören kann, der bedenke, daß ein Autohersteller vor allem Autos baut und ein Energiekonzern Strom und/oder Gas auf den Markt bringt und kaum etwas anderes.

Es geht tatsächlich in allen Variationen kirchlichen Lebens immer um das gleiche Kernthema der Christenheit, die »Liebe«; aber nicht die Liebe, mit der ein Mensch an sich selbst hängt, ganz unvermeidlich vom ersten Atemzug an; diese Liebe wird besonders in der Regenbogenpresse und in den täglichen Seifenopern für Jugendliche und Erwachsene vorgespielt und empfohlen, wenn es um die erste Liebe oder um den nächsten Partner geht.

Die Liebe, die Christus in die Welt gebracht hat, ist auch allenfalls entfernt verwandt mit der Liebe, die jemand als Besitzanspruch über seine Nächsten – Kinder, Freunde, Partner – ausschüttet, verwandt allenfalls in der Kraftentfaltung, und sie gleicht nicht einmal ganz genau der Elternliebe, die sich für die Kinder einsetzt, auch diese Liebe hat noch einen sehr natürlichen Grund, obwohl die Gottesliebe, die sich auf die Erde wagt, der Liebe zwischen Eltern und Kindern oder zwischen Lebenspartnern am nächsten verwandt ist.

Die Liebe, die sich an Weihnachten unter die Menschen wagt, genießt wenig Ansehen, weil sie zu allen anderen Mitgliedern der Familie »Liebe« ein eher distanziertes Verhältnis hat. Daß *Gottes Liebe allen Menschen ohne Ansehen der Person gilt*, das leuchtet den Menschen gar nicht so sehr ein, wie man es aus dem jährlichen Fest zu Ehren dieser Liebe, Weihnachten, schließen könnte; sie wird mißtrauisch betrachtet und sogar verachtet, denn sie verlangt viel und stört deshalb sehr. Das Weihnachtsfest, die Jahreshauptversammlung der Christen, dient der Vorstellung dieser besonderen Form der Liebe, es ist eine Werbeveranstaltung für einen Markenartikel, dessen Nutzen man ahnt, aber nicht einsehen will.

Der Geschäftsbericht im Weihnachtsgottesdienst muß den Hörern die Liebe Gottes, die sich unter die Menschen gewagt hat, in jedem Jahr neu vorstellen; wie es ihr ergangen ist, was sie Positives bewirkt hat; ein Geschäftsbericht ist schließlich vor allem eine Darstellung der Erfolge. Die Gottesdienstbesucher sollen den Nutzen dieser Liebe für jede menschliche Gesellschaft erfahren. Sie sollen erkennen, wie wertvoll dieser »Rohstoff« Liebe ist, der auch in kleinen Mengen zur Bildung des Spurenelements »Vertrauens« beiträgt.

Wo Menschen spüren, daß sie ohne besondere Gaben und ohne Vorleistungen akzeptiert werden, einfach weil sie Menschen sind, da entsteht eine Atmosphäre aus Erleichterung, Mut, Zutrauen und Freundlichkeit, in der gute Gedanken und Mut zu gemeinsamem Handeln gedeihen, die in der schlechten Luft aus Egoismus, Mißtrauen und Abwehr verkümmern müßten.

Die Predigerin/der Prediger an Weihnachten darf um keinen Preis auf den Konsumrausch schimpfen, der sich jedes Jahr wiederhole, und meine angebliche Oberflächlichkeit und Äußerlichkeit geißeln. Ich möchte vielmehr dafür gelobt werden, daß ich mich auch in diesem Jahr wieder so gründlich umgesehen habe nach Geschenken, um anderen Menschen nach Kräften meine Nähe und Liebe zu zeigen, er soll voraussetzen und sich freuen, daß ich auch Möglichkeiten gesucht habe, die Gottesliebe, die allen Menschen gilt, mit meinen begrenzten Mitteln in meinen Spenden und Gaben nachzuahmen und er bzw. sie soll mir davon erzählen, wie viel auch im vergangenen Jahr dieser wertvolle Rohstoff an Vertrauen und guter Atmosphäre, an gesundem Klima hervorgerufen hat.

Die Liebe als *allen* Menschen wohlwollende Kraft, die durch Christus in unser Leben gebracht worden ist, will ich wieder plastisch vor Augen sehen; ich will wissen, wie es sich anfühlt, wenn mich diese Kraft ergreift. Wie auch nachher bei der Bescherung vielleicht manches Geschenk erst erklärt werden muß, so auch das Weihnachtsgeschenk Gottes: Wozu ist das gut? Gottes Liebe für alle Menschen? Was bedeutet dieses Geschenk für *alle* für *mein* Leben? Gibt es Beispiele für die Wirkung aus dem vergangenen Jahr?

Es wäre kaum die Wahrheit, wenn die Predigt uns einen angemessenen Umgang mit der Gottesliebe nachrühmen würde – wir sind sicher nicht besser als die Wirte zu Bethlehem, auch wenn wir uns immer wieder darum bemühen und darum bitten, daß unser Umgang mit dem Qualitätsrohstoff der Gottesliebe von Gott zu segensreichen Ergebnissen geführt werde.

Die Predigt am Weihnachtsabend ist eine schwierige Aufgabe, zum einen, weil sie die verschiedenen Formen von Liebe genau unterscheiden muß, und das möglichst anschaulich, zum anderen und vor allem aber, weil sie in jedem Jahr neu die Enttäuschung bereitet, daß das Fest der Liebe nicht die klassische Hollywood-Happyend-Liebe feiert, sondern das Aschenbrödel unter den Gestalten der Liebe, die Liebe Christi, die sich um die Lieblosen und um die Ungeliebten sorgt. Mancher

Hörer fühlt sich angegriffen, wenn man das deutlich sagt, und weist das Geschenk unter Protest zurück. Aber das kommt selten vor, und das Rahmenprogramm trägt auf jeden Fall zum besseren Verständnis bei.

Der Weihnachtsgottesdienst – ein Wunschkonzert mit Überraschung. Als »Rahmenprogramm« zum Jahresbericht erhoffe ich mir eine Art »Wunschkonzert«, in dem die bekannten Worte und Weisen des Weihnachtsfestes erklingen; denn sie erleichtern es, die Botschaft von der Liebe, die sich zu den Menschen gewagt hat, zu Herzen zu nehmen, obwohl sie die Anstöße nicht aufheben.

Es wäre also schön, wenn mir der Gottesdienst insgesamt etwas von der überraschenden Veränderung vermitteln könnte, die das Geschenk der Gottesliebe in das Leben der Menschen bringt, so daß ich mich im Laufe des Jahres immer wieder gut und gerne erinnere: Letztes Jahr, da wurde doch im Weihnachtsgottesdienst erzählt ... z.b. von dem Engel, der einfach nicht in seiner einsamen Himmelshöhe bleiben wollte, sondern vom First der Weihnachtskrippe immer wieder auf die Erde ins Stroh fiel, sich am First in der Position über den Menschen einfach nicht fixieren ließ, sondern zu ihnen herabkam zu zeigen, wie hartnäckig Gott bei den Menschen verharrt, komme, was da wolle.

Manche Leute sagen, wenn sie die Weihnachtspredigt nicht besonders erwärmt hat, sei es, daß sie akustisch schwer zu verstehen war, weil die Kinder doch recht unruhig waren oder der Nachhall in der Kirche die Worte durcheinander warf, sei es, daß der Prediger die Gelegenheit zum moralischen Appell doch meinte unbedingt nützen zu müssen (das unangebrachte Schimpfen auf die, die heute nicht da sind, kommt zum Glück immer mehr aus der Mode) und er damit den Hörern die Ohren verschloß, sei es auch ganz einfach, daß die Anstrengung der Festvorbereitungen die Kraft des Hörens von Anfang an lähmte, manche sagen dann:»Wenigstens die Lieder waren schön, und der Trompeter hat herrlich geblasen oder der Kinderchor hat so klar gesungen.« Denn danach sehnt sich der Christ an Weihnachten, darauf hofft die Christin zurecht, daß gerade der Gottesdienst zur Feier jener

Aschenbrödel-Liebe zu Herzen gehen möge; denn die Herzen müssen erst aufgeschlossen werden für diese besondere Botschaft, mit der sich niemand so leicht anfreundet – darüber soll man sich keine Illusionen machen. Deshalb ist etwas Pathos, etwas Emotion durchaus angebracht; die Gemeinde wird vor zu viel Gefühl schon gleich durch die Abkündigungen bewahrt, die die aktuellen Projekte von *Brot für die Welt* schildern, um Spenden zu erbitten.

Also ein Wunschkonzert, aber kein »Musikantenstadl« mit immer gleich harmonischen Schnulzen, sondern etwas Kerniges, wohl vertraut, aber eben zugleich mit Substanz, was die Konflikte nicht übertüncht, realistisch bleibt und sich deshalb nicht so schnell verbraucht, das *Yesterday* der Beatles etwa oder neuerdings *Mensch* von Herbert Grönemeyer oder für die Klassik-Freunde Johann Sebastian Bachs Passionen oder die 5. von Beethoven.

Vorsicht bei *Stille Nacht* und *Vom Himmel hoch*, denn diese »Schlager« verzuckern gerne die brüskierende Geschichte von der Geburt unter unmöglichen Umständen, diese gar nicht so niedliche Erzählung, in der die Gottesliebe die irdischen Ordnungen auf den Kopf stellt, weil sie allen Menschen gilt; diese Mischung aus Historie und frommer Legende, die so vielfach transparent ist für die Lebenslagen der Menschen:

Heimatlos und doch noch untergekommen, die (heilige) Familie,
schutzlos, und doch gesund, das Kind,
machtlos und doch verehrt wie ein Herrscher, der Junge,
zu Unbeachteten gekommen, kaum ein Dach über dem Kopf,
verfolgt und doch gerettet, einstweilen – und auf immer, auf dem Weg nach
Golgatha, aber auch zum Garten der Auferstehung.

So zwiespältig ist das Schicksal der Liebe Gottes unter den Menschen, so wechselvoll und ungeklärt ihre Geschichte.

Manche Menschen mögen Wunschkonzerte nicht; aber ich freue mich über meine Lieblingsmelodien auch hier in der Kirche:

Fröhlich soll mein Herze springen – erlebe ich in mir als einen feurigen Christnachtstanz,

Kommt und laßt uns Christum ehren – als einen schwungvollen Weihnachtswalzer,

Ich steh an Deiner Krippen hier – eher als einen besinnlichen Blues in der Heiligen Nacht.

Solche Melodien, Rhythmen und Texte lassen den Anspruch der eigenartigen *Liebe Gottes zu allen Menschen* ins Gemüt strömen; und es geschieht, was man seit Jahren, seit Kindertagen kennt, was letztlich aber doch alle überrascht: Menschen lassen sich locken, lassen sich von sich selbst ein wenig lösen und halten nach neuen Perspektiven Ausschau. Und das ist dann die eigentliche Weihnachtsüberraschung: Alle, die diese Geschichte hören, wundern sich darüber, lassen sich ansprechen, auch wenn sie sie ganz genau kennen und darauf gewartet haben.

Aber was diese Geschichte dann mit jedem, der sie hört und beherzigt, in seinem Leben macht, das ist Jahr für Jahr einigermaßen offen, das ist *die* Überraschung, nicht nur zur Weihnachtszeit. Das hat weder die Predigerin noch der Prediger in der Hand, ob die Rede nun besonders geistreich und witzig, unterhaltend oder ergreifend gelungen ist.

Der »gefallene Engel« als Bote der Liebe. Die Weihnachtspredigt von Thomas Meurer, die im Jahr 2002 den Predigtpreis erhielt, löst die Hörer energisch, aber freundlich von sich selbst durch eine Figur, die alle Weihnachtsgefühle, die festlichen und die skeptischen, auf sich zieht: Der gefallene Engel. Diese kleine Holzfigur, gedacht als Zierde einer Weihnachtskrippe, als Ausdruck einer ungetrübten Weihnachtsseligkeit, verkörpert in der Wahrnehmung des Predigers die eigenartige Liebe Gottes zu den Menschen; sie will sich nicht festlegen lassen auf eine Position hoch über den Menschen auf Erden. In ihrer überirdischen Gestalt und Schönheit stürzt sie immer wieder ins Stroh des Stalles, läßt sich am First nicht fixieren. Der Engel sträubt sich, seine Banderole mit der Aufschrift *Gloria in excelsis Deo* wie ein Transparent zur Demonstration über diese Erde zu entrollen, nicht über diese Erde! Und so sieht der Prediger schließlich ein, daß er dem Engel, der über diese auch 2002 friedlose und wenig liebvolle Erde nicht hinwegschweben will, seinen Ort neben den Menschen der Weihnachtsgeschichte im Stall zuweist. Dieser Schluß ist kein Happyend, er übertüncht die Probleme der Menschheit nicht, die – riskant – reichlich zur Sprache kommen, weder mit Zuckerguß noch mit Rauschgold, aber er versichert die Menschen an diesem Weihnachtsabend der Sympathie Gottes.

Unfriede auf Erden und den Menschen kein Wohlgefallen. Liebe Zuhörerinnen und Zuhörer! Mein Verhältnis zu dem Engel an unserer Weihnachtskrippe daheim ist seit Kindertagen gespannt. Nicht nur, daß er mich mit seinem lockigen Haar und seinem hellblauen, fast weißen Gewand, seit ich denken kann, an Tante Änne erinnert, er widersetzt sich auch alle Jahre wieder dem beherzten Versuch, ihn am Dachfirst des Stalles zu befestigen, durch wenigstens einen Sturz vor die Füße der heiligen Familie. Wenn es endlich gelungen ist, ihn dort zwischen Himmel und Erde an der Dachspitze des Stalls zu fixieren, hängt er mit seiner Banderole da: »Gloria in Excelsis Deo.« Mit der rechten Hand deutet er nach unten auf das Geschehen im Stall. Seine Linke und seine Augen sind nach oben zum Himmel erhoben. Ich muss gestehen: Ich mag ihn nicht. Und das hat wirklich gar nichts damit zu tun, daß er mich an Tante Änne erinnert. Es ist wohl eher so, daß er mich irritiert. Seine Haltung, die so leicht und beschwingt sein soll, hinterläßt bei mir einen beinahe körperlichen Schmerz. Er versucht, Himmel und Erde zueinander zu bringen. Ein Kraftakt, der in mir eher Mitleid und Bedauern weckt.

In wenigen Tagen werden wir wieder Weihnachten feiern. Weihnachtsmärkte, Weihnachtsdekorationen und die in allen Kaufhäusern unüberhörbaren Weihnachtslieder versuchen uns davon zu überzeugen, daß jetzt die schönste Zeit im Jahr ist, daß Kummer und Harm still schweigen und daß eine Zeit für uns angebrochen ist, die uns eine große Freude bringt. Aber stimmt das denn? Sind das nicht immer dieselben alten Geschichten aus zweitausendundeiner Nacht, in der ein kleines Kind – die personifizierte Bedürftigkeit und fleischgewordene Angewiesenheit – der Welt ein neues Gesicht geben soll? Wäre es nicht ehrlicher, zuzugeben, daß diese Erde und die Menschen auf ihr keinen Deut besser geworden sind, daß diese Welt immer noch, ja vielleicht sogar mehr denn je, ihre Fratze zeigt? Weder Weltfriede noch sozialer Friede sind am Anfang dieses dritten Jahrtausends in absehbare Nähe gerückt. Statt sozialem Frieden wachsende Not der Erwerbslosigkeit und wo die nicht ist, die Angst, seinen Arbeitsplatz zu verlieren. Statt Weltfrieden eine durch Terroranschläge verunsicherte Weltgemeinschaft, in der tiefe Verletztheit und eine unbezähmbare Angst dazu führen, grenzenlose Gerechtigkeit durch ungezügelte militärische Gewalt durchsetzen zu wollen. Hat Lukas den Engeln des sogenannten »Weihnachtsevangeliums« nicht vielleicht doch den falschen Text in den Mund gelegt? Hätten sie nicht zutreffender vom Unfrieden auf Erden künden müssen und davon, daß unter den Menschen kein Wohlgefallen herrscht?

Der Engel am Dachfirst des Stalls meiner Weihnachtskrippe wird sich in diesem Jahr sicher nicht mehr anstrengen müssen als zu den Kriegsweihnachten der vierziger Jahre oder zu den Weihnachtsfesten, an denen in unserer Familie Arbeitslosigkeit, Krankheit, Tod oder zerbrochene Beziehungen sich als ungebetene Gäste eingestellt hatten. Und doch frage ich mich, warum dieser zwischen Himmel und Erde ausgespannte Engel nicht einfach seine Banderole zusammenrollt und weggeht. »Gloria in Excelsis Deo«, Ehre sei Gott in der Höhe! – Wer kann das noch sagen angesichts dieser Welt? Ich stelle mir vor, daß der Engel an meiner Krippe einfach weggeht, jetzt gleich. Daß er die Nase voll davon hat, beständig die Hände nach Himmel und Erde ausstrecken zu müssen, um zusammenzubringen, was seiner Meinung nach zusammengehört. Und ich stelle mir vor, daß er es leid ist, zu sehen, daß sich auf Erden immer noch keine himmlischen Zustände durchgesetzt haben und daß Gott sich in der Höhe mit einem immer sparsamer werdenden »Gloria!« zufriedenzugeben scheint. So ist das wohl mit denen, die »vom Himmel hoch« herkommen: Sie stürzen auf den harten Boden dieser Welt, werden niedergedrückt durch den Unfrieden auf Erden und das fehlende Wohlgefallen unter den Menschen. Engelsdepression. Materialermüdung.

Heinrich Böll erzählt in seiner Novelle »Nicht nur zur Weihnachtszeit« (entstanden 1952) vom silbrig gekleideten rotwangigen Engel an der Spitze des Tannenbaums seiner Tante Milla, »der in bestimmten Abständen seine Lippen voneinander hob und ›Frieden‹ flüsterte«. (Werke 1, 813). Als Tante Milla im Krieg beginnt, jeden Abend – ein ganzes Jahr hindurch – Heiligabend zu feiern und der mechanische Engel an der Tannenbaumspitze ohne Unterbrechung sein »Frieden!«

flüstern muß, ist dessen Mechanik auf Dauer der Anforderung nicht gewachsen. Die Abstände zwischen seinen Rufen verkürzen sich, bis seine Stimme zu guter Letzt kollabiert. Hat sich nicht am Ende auch die Botschaft jener ersten Weihnacht durch ihre alljährliche Wiederkehr bis zur Karikatur hin verbraucht? Drohen nicht ihre Boten angesichts des immer schneller und – zumindest mit Blick auf die Kaufhäuser und Weihnachtsmärkte – immer früher wiederkehrenden Weihnachtsfestes leiser zu werden und am Ende resigniert zu verstummen? Vielleicht wäre längst eine Weihnachtsabstinenz fällig, eine weltweite Entscheidung, wenigstens ein Jahr auf Weihnachten zu verzichten, damit sich unsere Sinne wieder erholen und wir wieder neu empfindsam werden können für das, was Weihnachten sagen will.

Empfindsamkeit hat mit Ästhetik zu tun. Aber was im Geschiebe der Weihnachtsmärkte, im Geschrei der Lichterketten und illuminierten Weihnachtsmänner und im Gebrüll der Gerüche aus Bratwurst- und Glühweinbuden, was im Kaufzwang der vorweihnachtlichen Zeit mit uns geschieht, ist wohl eher unästhetisch zu nennen. Ich will das nicht verdammen und niemandem – auch mir selber nicht – die Freude an all diesen Dingen nehmen. Aber ich will bewusst machen, was da mit uns geschieht: daß sie unablässig am Werk sind, die »Weihnachtsanästhesisten«. Daß sie uns unempfindlich machen für die Momente, in denen sich Himmel und Erde berühren. Friede und Wohlgefallen aber sind Kategorien der Empfindsamkeit. Sie sind Gebilde der Ästhetik.

Kunstvoll und ästhetisch ist auch der Lobpreis, den Lukas den himmlischen Heerscharen in seinem »Weihnachtsevangelium« in den Mund legt. An dem Zweizeiler »Ehre sei Gott in der Höhe und Frieden den Menschen auf Erden, die guten Willens sind.« (Lukas 2, 14) haben sich viele Bibelwissenschaftler die Zähne ausgebissen. Wie ist gemeint, was Lukas den himmlischen Heerscharen dort in den Mund legt? Die aus dem Weihnachtsevangelium so vertraute Form der Übersetzung gibt den griechischen Text nur unzureichend wieder. Von »doxa« ist da die Rede, die in den Höhen Gottes sein soll. Die Bedeutung des Wortes »doxa« spannt sich von »Meinung«, »Ansicht« bis hin zu »Herrlichkeit« und »Majestät«. In Gottes Höhen herrscht – so könnte man vielleicht sagen – ein »guter Ruf«, da geht es ästhetisch zu: Licht und Lobpreis stehen im Vordergrund. Lukas zeichnet einen scharfen Kontrast: hier die verweigerte Herberge, Krippe und Stall, die harte Lebenswelt der Hirten – dort der Lichtglanz göttlicher Herrlichkeit. Die unästhetische

Erde trifft auf die Ästhetik des Himmels. Wo aber die Ästhetik des Himmels die Erde berührt, wo – wie hier im Gottesdienst, hier in dieser Klosterkirche und auch in der Schönheit der Begegnungen hier in der Oase – die Empfindsamkeit des Himmels uns zu berühren versucht, da kann Friede werden. Innerer Friede. Ein Friede, der nach außen strahlt, der buchstäblich schön macht, der das Wohlgefallen aneinander fördert.

Das erste Weihnachtsfest in diesem neuen, dritten Jahrtausend: Es ist zugleich ein Weihnachtsfest globaler Konflikte und weltweiter Auseinandersetzungen. Im globalen Dorf dieser Welt haben die Geschehnisse und der Streit im Nachbarhaus eben unmittelbare Auswirkungen auf uns. Doch alle Globalisierungen und Vernetzungen machen doch nur dann Sinn, ja sie sind nur dann schön, wenn diejenigen, die da miteinander in Kontakt treten, dem Kind in ihnen, das immer noch eine Herberge sucht, die Tür nicht verschließen und sich weiterhin offen halten für die »doxa«, für die Ästhetik des Himmels.

Religion und Kirche, Glaube und Religionsunterricht sind heute vielfach Gegenstand heftiger Diskussionen. Brauchen wir das alles noch? Sind das nicht »Altlasten« einer längst vergangenen Zeit? Ich glaube nicht! Religion ist ein Lernort der Ästhetik, ohne den Wohlgefallen aneinander und Solidarität miteinander und der aus beiden erwachsende Frieden nicht möglich ist. Die weltweiten Probleme werden wir nicht lösen können. Wir würden es selbst dann nicht vermögen, wenn wir an machtvollen Positionen der Weltpolitik stünden. Aber wir können uns verändern. Jeden Tag neu! Und dazu ist uns etwas geschenkt: die Ästhetik des Himmels, gebündelt im Licht der Weihnacht.

Seit Jahren schon begleitet mich eine kleine Erzählung. Sie rührt mich immer wieder neu. Sie stammt von Karlheinz May und erzählt vom Weihnachtsfest des Kriegsjahres 1943:

»Die Erinnerung an das Weihnachtsfest 1943 ist in mir noch sehr lebendig. Seit Sommer desselben Jahres war unser Vater in Rußland vermißt. Am Weihnachtsabend rückte die Familie eng zusammen: unsere Mutter, mein Zwillingsbruder Hermann und ich, fünf Jahre alt. Außer einem Teller mit Mutters Plätzchen (immer dieselbe eine Sorte – ich habe noch heute den Geschmack auf der Zunge ...) gab es kaum etwas an Geschenken. Aber jeder von uns erhielt eine kleine Kerze. Mutter erzählte uns vom Christkind: daß es das Licht in die Welt gebracht hat

und für alle Menschen da ist. Und gewiß hätte jetzt auch Vati irgendwo in Rußland eine Kerze vom Christkind erhalten und sie angezündet und würde jetzt an uns denken ... Wir haben lange Jahre auf die Rückkehr unseres Vaters gewartet. Er kam nicht wieder. Das hat dem »Licht des Glaubens« nichts anhaben können. Ich glaube, daß uns Mutter damals das Wichtigste gesagt hat, was von Weihnachten zu sagen ist.«

Wenn Ihr dieses Licht des Glaubens an jedem Tag – nicht bloß an Weihnachten – in euch am brennen zu erhalten versucht, werdet Ihr spüren, wie Euch diese inwendige Wärme verändert. Johannes XXIII. hat in seinem »Dekalog der Gelassenheit« als Impuls für sein Leben geschrieben: »Nur für heute werde ich mich bemühen, den Tag zu erleben, ohne das Problem meines Lebens auf einmal lösen zu wollen.« Darauf kommt es an!

Der Engel an meiner Weihnachtskrippe wird auch in diesem Jahr vermutlich mehrmals herunterfallen, bis es mir gelingen wird, ihn am Dachfirst des Stalls zu fixieren. Vielleicht werde ich ihn in diesem Jahr erlösen und ihn in der Nähe von Ochs und Esel oder inmitten der Hirten postieren. Ein buchstäblich heruntergekommener Engel, der an die Ästhetik des Himmels, an das »Licht des Glaubens« in der »Gebrechlichkeit dieser Welt« (Heinrich von Kleist) erinnert ...

Karsten Matthis / Reinhard Schmidt-Rost

Steilpaß in den freien Raum
Ralf Ruckert und jugendliche Begeisterung

Auswärtsspiel mit Eigentoren. Pfarrer haben selten einen Fan-Club unter der Jugend, und die Predigt am Sonntag findet unter Ausschluß der Altersgruppe zwischen 15 und 30 statt, Ausnahmen bestätigen die Regel. Wenn nun ein Pfarrer in einem Kirmesgottesdienst in einem nordhessischen Dorf mit 200 Einwohnern zu predigen hat, dann ist das ein Auswärtsspiel in seiner eigenen Gemeinde, die natürlich, bürgerlich-kirchlich versteht sich, versammelt ist: Die Jugend richtet das Fest aus, baut das Zelt auf und ist Gastgeberin auch bei diesem morgendlichen Traditionsevent: Gottesdienst im Kirmeszelt, der sich für manchen einigermaßen lückenlos an die feuchten Freuden des Vorabends anschließt. Der Prediger fühlt sich in eigenartiger Weise auf dem Prüfstand: die – ihrer inneren Einstellung nach – Alten erwarten, daß er den Jungen mal ordentlich Bescheid sagt, die nicht ganz so Alten (innerlich auch mit 70 noch Aufgeschlossenen) sind gespannt, wie der mit den jungen Leuten zurechtkommt, und die junge Generation wartet ab, spielt Publikum: »Mal sehen, was er heute zu bieten hat! Soll er uns mal vorturnen! Ob er wieder erst die klassischen Eigentore schießt, ehe er dann doch irgendwie aus der Bibel erzählt?« Man könnte darauf wetten:

1. daß er auf seine Firma (die Kirche!) schimpft, wie es sich kein Lehrling bei Auto-Apel erlauben dürfte,
2. daß er einen auf jugendlich macht, Madonna oder Guildo Horn – und dabei so richtig zeigt, daß er die Witze in der *Bravo* nicht versteht,
3. daß er selbst Witze erzählt, Bibelwitze, um zu zeigen, wie fröhlich es in seinem schlauen alten Buch schon zuging: Heute z.B. mitten in der Weltmeisterschaft gäbe es zwei Kalauer, die eigentlich kommen müßten: »Wer war der erste Fußballer: Gott! Denn es heißt in der Bibel:

Gott sprach zu Noah: Geh in die Kiste, ich mach Sturm. Oder: Jesus! Denn es heißt in der Bibel: Jesus trat in das Tor von Jerusalem und seine Jünger standen abseits.«;

4. daß er über Sport oder Popmusik daherredet, als hätte er gerade eine Profikarriere an den Nagel gehängt, um doch Pfarrer zu werden.

Und so fängt er dann ja auch an, unser neuer junger Pfarrer, der trotz Mitte Dreißig reichlich graue Locken trägt, mit Fußball; kein Wunder in diesen Tagen, da muß man die Flanke aus Fernost natürlich aufnehmen; aber er wird sie schon in sein Wolkenkuckucksheim hinaufhauen, von dem er immer spricht, Reich Gottes oder – weiß der Himmel.

Doch von wegen, er stoppt die Flanke, tritt nicht über den Ball, trifft ihn und – trifft ins Tor, d.h. ins Herz seiner Zuhörer.

Ehe die Abseitsfalle zuschnappt. Mit einem Mal formiert sich mindestens so etwas wie eine Interessengruppe, von Fans noch keinesfalls zu reden: »Seid mal still und schlaft nicht, laßt mal hören, was er noch zu sagen hat, das ist ja ein ganz witziger Vogel.« Der Prediger startet nicht mit einer zwanghaft jugendlichen Begrüßung wie: »Hallo, ich find es toll, daß ihr sitzt, obwohl ihr doch immer voll busy seid ...«, sondern wählt eine originelle Begrüßung.

»Die Welt ist rund, der Ball ist rund«, und um Fußball dreht sich sowieso alles; damit können sie etwas anfangen, der redet so kurz und karg wie sie selbst, keine langen Phrasen, wo man am Ende nicht mehr weiß, was er am Anfang gesagt hat. Kein langer roter Faden, in dem er sich und uns alle verheddert.

Die Aufmerksamkeit seiner jugendlichen Zuhörer steigert der Prediger mit der Frage: »War Jesus ein guter Fußballer?« Um diese provokante Frage zu beantworten, nimmt er die Jugendlichen mit auf eine literarische Reise durch das Neue Testament.

Die Parallelen von Religion und Fußball werden gerne von Theologen und Psychologen analysiert: Die Fans reisten wie Wallfahrer zu den Stadien und lassen diese zu Kultorten werden. Das Verhalten und die Reaktionen der Fans sind schon oft dekodiert worden. Fußballvereine würden zu Glaubensgemeinschaften (»Schalke ist Religion«). Gesänge und Anfeuerungsrufe in den Stadien erinnerten an liturgische Formen. Die Fangemeinde erleide Niederlagen und bejubele Siege, vergleichbar mit Sterben und Auferstehung von jugendlichen Göttern. Durch die Teilnahme an den Fußballspielen käme es zu einer starken Identifikation mit der Mannschaft: »Wir haben gewonnen, wir sind Weltmeister ...« Die Fans teilen untereinander eine mythische Sprache: »Das Wunder von Bern« oder die »Schande von Cordoba«.

Der Prediger setzt aber nicht bei diesen religiösen Phänomen oder Spuren von Religiösen an. Der Fußball ist für ihn keine Ersatzreligion, sondern er fragt: Ist Jesus ein guter Fußballer? Spiegelt der Fußball etwas vom Evangelium wider?

Aber wo die einen zustimmen, lehnen die andern Zuhörer glatt ab: Das kann doch gar nicht sein, daß Kirche was mit Fußball zu tun hat, Kirche ist out, Fußball ist in. Da kann er machen, was er will, der steht mit seinem Verein immer im Abseits. Der hat nur noch nicht gesehen, daß der Linienrichter die Fahne gehoben hat. Der Pfaffe stand doch schon im Abseits, bevor die Flanke aus dem fernen Osten gesegelt kam.

Die Betonabwehr knacken. Aber der junge Pfarrer kümmert sich nicht um die üblichen Parolen; solange der Schiedsrichter nicht pfeift, war es auch kein Abseits. Solange keiner das Kirmeszelt verläßt, kann er auch mit dem Fußball weiter auf Erfolg spielen; sie werden schon auf seine Seite schwenken, wenn sie merken, wie er die Worte/Bälle streichelt. Er spielt keinen Sicherheitsfußball, keine Querpässe; erzählt nicht, was andere Theologen gesagt haben, keine Rückpässe zur Bibel als letztem Mann, immer noch eine andere Bibelstelle, damit alles wasserdicht ist, das ist seine Sache nicht; nein, er versucht es mit unbekümmertem Angriffsfußball: nach vorne durchbrechen, die Abwehr durch Steilpässe aufreißen, ungewöhnliche Vergleiche auftischen, in die Gasse laufen und auf ein geniales Zuspiel hoffen, daß ihn in gute Schußposition bringt.

Allmählich wird es auch für die geistige Betonabwehr auf der Bierbank im Kirmeszelt spannend, irgendwie scheint der Prediger den Riegel zu knacken; auf Abseits spielen geht bei der Geschwindigkeit seiner Bilder und Wortspiele daneben. Er spielt sie mit seiner Sprachsicherheit und Ballbehandlung an die Wand. Er redet sie schwindelig. Nicht alle verstehen ihn, aber das ist gleichgültig, Hauptsache, sie merken, daß er etwas versteht – von seiner Sache und vom Fußball – und daß das miteinander zu tun hat. Denn sie erfahren durch den Sport viel vom christlichen Glauben und genau das will er ihnen unter die Haut bringen.

Ralf Ruckert machte das in seiner Predigtcollage »Jesus & Fußball«, die er am 2. Juni 2002 hielt, wie folgt:

Gnade sei mit euch und Friede von Gott, unserm Vater, und unserem Herrn Jesus Christus! Wir beginnen die heutige Predigt nicht, wie sonst meistens, mit einem Bibelwort, sondern mit einem Ausspruch des legendären Bundestrainers Josef (genannt Sepp) Herberger (1897-1977): »Der Ball ist rund!« Rund ist auch die Welt, die Gott geschaffen hat. Aber das ist nicht das einzige, was Fußball mit unserem Glauben zu tun hat. Da gibt es auch noch die katholischen Fußballer, die sich vor ihrem Einsatz bekreuzigen oder die nach einem Tor das Kreuz küssen, das ihnen Mama einst um den Hals gehängt hat. Christen spielen Fußball. Nicht alle Fußballer sind deswegen auch Christen.

Aber Fakt ist, daß wenige Dinge diesen runden Erdball so sehr bewegen und überall auf der Welt präsent sind, wie eben jenes lederne Abbild der Erde und wie der Glaube an Jesus Christus.

Nun sagen die einen: »Jaha, aber für Fußball interessieren sich eben doch noch ein paar mehr Leutchen als für deine Predigten, und der ist auch nicht so langweilig.« Das stimmt aber nicht. Die Einschaltquote unserer Gottesdienste im Kirchspiel Waßmuthshausen schneidet verglichen mit »ran« oder »Sportschau« gar nicht so schlecht ab. Und langweiligen Fußball und enttäuschte Fans gibt' s genauso, wie manchmal die Leute nach dem Gottesdienst heim gehen und sich fragen: Was hat er denn heute wieder gewollt?

Ein Frommer sagt: Im Fußball hauen die sich aber! Das ist richtig. Aber die Kirche ist auch nicht frei von Fouls, nicht nur in der Geschichte. Es kommt auch heute mal vor, daß man einander im Kirchenvorstand in die Beine grätscht oder daß der Pfarrer jemandem auf die Füße oder auf den Schlips tritt.

Eine Plakataktion der Kirchen fragt dieser Tage: »Sind Fußballer unsere wahren Götter?« Ich finde, das ist falsch gefragt. Es bringt nichts, Fußball und den Glauben an Jesus Christus gegeneinander antreten zu lassen, nach dem Motto: Möge der Bessere gewinnen. Wir wollen weder Fußball noch Christentum abwerten, sondern uns vielmehr fragen, wo können sie einander fruchtbare Impulse liefern? Nicht:»Sind Fußballer Götter?«, sondern richtiger muß die Frage lauten:»Ist Jesus ein guter Fußballer?«

Da müssen wir an verschiedenen Stellen nachschauen. Es gibt nicht den»Kicker«- Text im Neuen Testament.

Fangen wir bei Markus eins an:»Als Jesus aber am Galiläischen Meer entlangging, sah er Simon und Andreas, Simons Bruder, wie sie ihre Netze ins Meer warfen; denn sie waren Fischer. Und Jesus sprach zu ihnen: Folgt mir nach; ich will euch zu Menschenfischern machen! Sogleich verließen sie ihre Netze und folgten ihm nach.«

Ein Rabbi, der auch einen guten Fußballtrainer abgegeben hätte, hat einmal gesagt: »Ich weiß genau, daß meine Schüler immer machen, was ich von ihnen verlange.« Warum er sich da so sicher sein könne, wurde er gefragt.»Weil ich ihnen immer nur das aufgebe, wozu sie sich imstande fühlen, und manchmal ein bißchen mehr, damit sie über sich hinaus wachsen.«

Das zeichnet einen guten Trainer aus, daß er den Spieler da abholt, wo er ist, bei dem, was er kann und dann darauf aufbaut. Und genau das macht Jesus. Er sieht die Männer bei der Arbeit, die sie können. Er traut ihnen aber mehr zu als das, was er sieht.»Ihr seid Fischer.« Auf diesen Kenntnissen baut er auf und macht sie neugierig auf eine neue Aufgabe. Etwas, das sie schon können, wird erweitert. Fischer werden zu Menschenfischern.

Auf diese Weise kommen 12 Mitspieler zusammen. Unter denen fordert Jesus unbedingten Teamgeist: Als sie sich streiten, wer der Beste von ihnen wäre, da sagt Jesus in Markus 9:»Wenn jemand will der Erste sein, der soll der Letzte sein von allen und aller Diener« (Markus 9, 35).

Er bringt ihnen den Fairneßgedanken bei. Denn in der Bergpredigt Matthäus 7 steht:»Alles nun, was ihr wollt, daß euch die Leute tun sollen, das tut ihnen auch!« (Matthäus 7, 12).

Ein andermal kann er aber auch selbst foulen: Als er die Tische der Wechsler und Händler im Tempelhof umwirft und die Leute mit Gewalt rauswirft.

Aber Jesus braucht keine Gewalt. Ganz oft trickst Jesus seine Gegner einfach aus. Andere stellen ihm eine Falle, und er verwandelt sie in ein Eigentor für seine Feinde. Zum Beispiel bei der Heilung am Sabbat: Darf man am Sabbat arbeiten? Nein? Dann darf auch dem Mann mit der verdorrten Hand nicht geholfen werden! – sagen die Gegner. Jesus heilt ihn trotzdem: Der Mensch ist nicht für die Einhaltung der Feiertagsruhe da, sondern die Feiertagsruhe ist gemacht, damit der Mensch an Körper und Geist gesund wird. Einmal wollen sie ihn gegen die Römer ausspielen: Ist es richtig, daß wir dem Kaiser Steuern zahlen? Sagt Jesus: »Ja, das wollen wir tun«, dann entlarvt er sich als Kompromißler, als Abweichler von seinem Volk. Sagt Jesus: »Nein«, dann hat er sofort die Behörden auf dem Hals, die diese Steuern haben wollen. In der Falle. Aber Jesus läßt sich eine Münze zeigen: »Welches Bild ist denn da drauf?«, fragt er. Und da ist eben das Bild vom Kaiser drauf. »Ja, dann gebt dem Kaiser doch seine Münze. Als fromme Juden dürft Ihr ohnehin keine Bilder besitzen.« Eigentor!

Die Jünger sind noch nicht so fit. Das kriegen sie auch gesagt. Zum Beispiel als sie im Sturm vor Angst den Kopf verlieren, ruft Jesus: »Was seid ihr so furchtsam? Habt ihr noch keinen Glauben?« (Markus 4, 40). Aber wenn sie etwas richtig machen, werden sie auch gefördert und gelobt. Als Petrus erkannt hat, daß Jesus Gottes Sohn ist, heißt es: Selig bist du ... und auf diesen Petrus-Felsen will ich meine Gemeinde bauen (Matthäus 16, 16-18).

Obwohl Jesus derjenige ist, der die gute Botschaft am besten in Umlauf bringen kann, tut er doch folgendes: Markus 6 (6, 12f.) »Und er rief die Zwölf zu sich und fing an, sie auszusenden je zwei und zwei, und gab ihnen Macht über die unreinen Geister. Und sie zogen aus und predigten, man solle Buße tun, und trieben viele böse Geister aus und salbten viele Kranke mit Öl und machten sie gesund.«

Er gibt auch den Jüngern eine Chance, sich zu bewähren. Das heißt: Jesus kann abgeben. Er muß nicht auf Teufel komm raus selber die Tore schießen und den Ruhm einfahren. Auf die Mannschaft kommt es an.

Und das ist ganz wichtig, denn die Gemeinschaft der Kinder Gottes soll nicht auf eine bestimmte Zeit und einen bestimmten Ort begrenzt sein. Die ganze Welt soll die gute Botschaft von Gottes Liebe hören. Oder, wenn Sie wollen: Die Mannschaft soll die Saison überdauern und aufsteigen.

Deshalb sorgt Jesus für Nachwuchs: »Gehet hin und machet zu Jüngern alle Völker: Taufet sie auf den Namen des Vaters und des Sohnes und des Heiligen Geistes und lehret sie halten alles, was ich euch befohlen habe. Und siehe, ich bin bei euch alle Tage bis an der Welt Ende.«

So sind schließlich auch wir Nachwuchsspieler in dieser Mannschaft geworden. Manch einer ist Spielmacher, ständig auf dem Platz, gestaltet das Spiel, trifft Entscheidungen. Manch einer ist immer gerade da, wo er gebraucht wird. Manch einer sitzt am liebsten auf der Bank. Auch das ist erlaubt, denn beim Glauben gilt wie beim Sport: Dabei sein ist alles.

Und mit seinem Heiligen Geist, der ein Mannschaftsgeist ist, ist Jesus bei uns alle Tage bis an der Welt Ende.

Wirkungsvoll spielen. Was von dieser Predigt bleibt, das sind Spielzüge, die sich im Gedächtnis festsetzen:

a) *Doppelpaß:* Am schönsten ist das Spiel, wenn man sich als Gemeinschaft wie blind versteht, wenn man immer schon weiß, wo der Mitspieler hinläuft; wenn man vertrauen kann; dann braucht man keinen Kampf und keinen Krampf, keine Grätschen, keine Fouls, man läßt den Ball laufen. So ein richtig körperloses Spiel, das praktisch ohne Schiedsrichter auskommt. Aber man muß beweglich sein, körperlich und geistig, vor allem wenn es um Doppelpässe zwischen Sport und Kirche geht.

b) *Steilpaß:* Eine riskante Variante des Paßspiels, geht leicht ins Seitenoder Toraus, wenn er zu hart geschlagen wird. Die homiletische Quintessenz aus diesem Spielzug: Man spricht so, daß man seine Hörer an den Ort lockt, wohin man seine Worte gerichtet hat. Man nagelt den Hörer nicht auf einer Position fest, sondern lockt ihn in neue Positionen, die man ihm zutraut.

c) *Vom Ergebnis zum Spiel oder: Die andere Predigtwirkung:* Bei vielen Spielen hat man den Eindruck, es käme nur auf das Ergebnis an. Nicht so in dieser Predigt. Die Gemeindejugend wird fröhlich unterhalten, so daß sie am Schluß scheinbar nichts gelernt, aber eine Menge erlebt und erfahren hat. Solche Erfahrungen, etwas unbeschwert mitzuerleben, ist die Grundform religiösen Lebens, deshalb ist diese Jugendpredigt so gelungen, man ist dabei, ohne große Vorbereitung und Anstrengung, aber man ist bei der richtigen Sache dabei.

Es ist so ähnlich wie in der berühmten Anekdote von der Großmutter und dem Enkel, die aus Schwaben erzählt wird: Kommt die Großmutter aus der Kirche; fragt der Enkel: »Was hat der Pfarrer denn gesagt?« Sagt die

Großmutter: »Das weiß ich nicht mehr! Aber das ist auch nicht so wichtig. Es geht mir in der Kirche wie mit dem Weidenkorb; den lege ich in den Bach und wenn das Wasser lange genug durchgeflossen ist, dann ist der Korb wieder sauber.«

Jugendliche in der Welt und die Welt der Jugendlichen. Der Begriff »Jugend« stammt aus der bürgerlichen Gesellschaft des 18. Jahrhunderts. Jugendlicher zu sein, war ein Privileg der bildungsbürgerlichen Schichten zur Vorbereitung auf das Erwachsensein. Unter dem Begriff »Jugend« wird heute eine eigenständige Lebensphase zwischen Kindheit und Erwachsenenalter verstanden. Das Kinderjugendhilfegesetz (KJHG) differenziert in:

11- bis 14-jährige junge Jugendliche,
14- bis 18-jährige Jugendliche,
18- bis 27-jährige junge Erwachsene.

Eine gute Jugendpredigt sollte diese spezifischen Altersgruppen und deren jeweiligen Themen und Vorlieben im Blick haben.

Obwohl die Kirchen Jugendliche an verschiedenen Stationen ihres Lebens betreuen, gehören gerade die jungen Erwachsenen nicht zum Kern der Gemeinde. In einer wertepluralen Gesellschaft hat »die Kirche« ihren Sitz im Leben vieler Jugendlicher verloren. Doch zu welcher Wertorientierung neigen Jugendliche? Welche Themen interessieren sie?

Auskunft über die Werteorientierung von Jugendlichen im Alter von 12 und 25 Jahren gibt die *14. Shell-Jugendstudie* (2002). Überwiegend leben die Jugendlichen nach dieser Studie in der »Mitte der Gesellschaft«. Das heißt, sie neigen nicht zu Protest bzw. zu radikaler Gesellschaftskritik. Heutige Jugendliche sind pragmatisch, leistungsorientiert und möchten ihre Probleme in den Griff bekommen. Übergreifende politische Ziele, wie eine Gesellschaftsreform oder der ökologische Umbau der Wirtschaft, stehen nicht im Mittelpunkt ihrer Aufmerksamkeit. Vielmehr möchten junge Menschen im Alter von 12 bis 25 Jahren ihre Ausbildung, beruflich oder akademisch, erfolgreich abschließen und eine solide Grundlage für ihr Berufsleben legen. Wichtig ist ihnen die Vereinbarkeit von Beruf und

Freizeit. Dreiviertel der Jugendlichen im Alter von 12 bis 25 Jahren wohnen noch zu Hause bei ihren Eltern. Anders als Generationen der sechziger und siebziger Jahre haben die heutigen Jugendlichen ein überwiegend spannungsfreies Verhältnis zu ihren Eltern.

Für 82% der befragten Jugendlichen ist »Karriere machen« ein Ziel. So lautet das Motto vieler: »Aufsteigen statt Aussteigen«. 50% der jungen Menschen streben das Abitur oder eine fachgebundene Fachhochschulreife an. Die *14. Shell-Jugendstudie* hat kein gesondertes Kapitel dem Thema »Glauben« oder »Kirche« gewidmet, sondern religiöse Themen unter dem Stichwort Werteorientierung subsumiert. Danach ist für 46% der Jugendlichen Gottesglaube unwichtig, für 16% teils/teils und für 38% wichtig (vgl. 143, Tabelle Werteorientierungen). Die Frage nach dem Glauben an Gott führt zur größten Polarisierung unter den zur Werteorientierung gestellten Fragen: »*Die Polarisierung geht auf die erhöhte Wichtigkeit der Religiosität bei Ausländern und eines Teils der Jugendlichen aus den alten Ländern auf der einen Seite und die besonders niedrige Wichtigkeit der Religiosität bei Jugendlichen aus den neuen Ländern auf der anderen Seite zurück.*« (145) So läßt sich daraus schließen, daß die Jugendpredigt gerade in den neuen Ländern auf ein schwieriges gesellschaftliches Umfeld stößt.

Auf die Frage, wo Jugendliche gesellschaftlich aktiv sind, geben 19% der Jugendlichen an, in einer Kirchengemeinde oder einer Kirchengruppe aktiv zu sein (203). Im Alter von 12 bis 14 Jahren ist der kirchliche Organisationsgrad noch am höchsten mit 24%, dicht gefolgt von den 15- bis 17-jährigen mit 23% (205). Tröstlich mag für die Volkskirchen sein, daß nur 3% der Jugendlichen im Alter zwischen 12 und 25 Jahren sich bei einer politischen Partei engagieren (203).

Stark orientieren sich die Jugendlichen an ihrer Clique bzw. ihrem Freundeskreis sowie an ihrer Schulklasse oder an den Mitgliedern ihres Sportvereins. Neben Familie/Elternhaus entscheidet dieses Umfeld mit, ob der Jugendliche ein kirchliches Angebot wahrnimmt oder nicht.

Die heutigen Jugendlichen prägt noch stärker als Generationen zuvor ein vielfältiges mediales Angebot. Neben Fernsehen und Radio übt das Internet einen starken Einfluß aus und genießt große Popularität. Die Texte im Internet sind zumeist kurz und knapp. Sie berücksichtigen, daß Themen nur auf einer Bildschirmseite abgehandelt werden sollen, um schnell aufgefaßt werden zu können. Animationen und Einspielungen reichern die Internettexte an. Die Seiten im Internet prägen das Leseverhalten vieler Jugendlicher maßgeblich. Dazu passend bieten Jugendsendungen im Fernsehen und Radio einen ständigen Sprecherwechsel, in extremer Form die häufig gesehenen Musiksender VIVA und MTV. Deren Programme sind geprägt von kurzen Videoclips und dazugehörigen zwei bis dreiminütigen Informationen. Die Medien bilden mit diesen Eindrücken zweifellos die stärkste Konkurrenz zu jeder geistigen Anstrengung, wie sie eine noch so flotte Predigt in jedem Fall darstellt.

Eine anspruchsvolle Jugend anspruchsvoll ansprechen. In Jugendgottesdiensten müssen Pfarrerinnen und Pfarrer auf dieses gängige Lese- und Hörverhalten ihrer Zuhörer Rücksicht nehmen. Ein Sprecherwechsel oder eine Dialogpredigt können die Aufmerksamkeit u. U. fesseln, wenn die Gedanken nicht so bunt und munter fließen wie in der prämierten Predigt. Wo es dem Pfarrer liegt, wäre auch ein Anspiel zu entwerfen, an dem sich Jugendliche beteiligen.

Für den Prediger ist es wichtig, sich mit verschiedenen Jugendmedien auseinandersetzen, um die Sprachwelten Jugendlicher zu erschließen. Wie Pfarrer Ruckert sollte er nicht die Sprache der Jugendlichen imitieren, aber ihre Begriffe kennen.

Jugendliche sind ansprechbar für religiöse Angebote. Dies belegt nicht nur die aktuelle *Shell-Jugendstudie*, sondern viele jugendliche Besucher auf Kirchentagen. Es besteht nach wie vor ein religiöses Interesse, welches jedoch nicht sehr oft kirchlich gebunden ist. Die bunte Mischung religiöser Interessen unter den Jugendlichen sollte jedoch nicht als »Cafeteria-Religion« oder »Patchwork-Religion« abgetan werden. Es mag sein, daß Jugendliche sich ihre Religion nach ihren subjektiven Bedürfnissen zusammenstellen, aber genauer betrachtet, ist dies in der Gegenwart ein Phänomen aller Altersgruppen.

Die Leitlinien zur Jugendpastoral der Katholischen Deutschen Bischofskonferenz von 1991 sprechen von »selektiver Religiosität«, welche auf das eher individualistische Auswahlverhalten in der wertepluralen Gesellschaft zurückzuführen sei. Die religiöse Sehnsucht werde nicht selten durch eine nach eigenem Geschmack zusammengestellte Religion befriedigt. Somit befänden sich viele Jugendliche in einer »präkatechumenalen Situation«, denn Grundzüge des Glaubens sind ihnen von zu Hause aus nicht mehr vertraut. Diese Defizite könnten durch einen noch so bemühten Religionsunterricht an den allgemeinbildenden Schulen nicht kompensiert werden. Diese mangelnde religiöse Sozialisation vieler Jugendlicher muß bei einer Jugendpredigt stets im Blick bleiben. Christliche Symbole und biblische Geschichten und Motive können nicht als allgemein bekannt vorausgesetzt werden.

Will eine Jugendpredigt die Zuhörer erreichen, dann muß sie die Lebenswelten der Jugendlichen und die gesamtgesellschaftlichen Verhältnisse berücksichtigen. Von Jugendlichen wird ein Höchstmaß an Flexibilität und Mobilität im Arbeitsleben erwartet. Der gewünschte Ausbildungsplatz ist nicht unbedingt vor Ort zu finden, insbesondere für Jugendliche aus den neuen Bundesländern. Anders als noch die Jugendlichen in den sechziger oder siebziger Jahren spüren Jugendliche heute, daß die Sozialsysteme nicht ein »rundum-sorglos-Paket« sind, diese werden vielmehr aufgrund der demographischen Entwicklung der Bevölkerung und finanziellen Situation des Staates zur Disposition gestellt. Dennoch besitzen Jugendliche große Gestaltungsspielräume, denn sie werden nicht in enge Normen gepreßt. Sie genießen in ihrer Freizeit ein breites Bildungs- wie Unterhaltungsangebot. Die materielle Situation ist dabei für viele von ihnen mehr als befriedigend, für eine große Minderheit aber auch alles andere als dies.

Verunsicherung und Freiheitsspielräume, finanzielle Sicherheit und Mangel, alles dies sind Themen für Jugendpredigten, genauso die alltägliche Beziehungsfrage, die gerade aus Jugendzeitschriften den Jugendlichen immer früher nahegelegt, um nicht zu sagen: aufgedrückt wird.

Eine hörerorientierte Jugendpredigt nimmt die Anfragen und die Erwartungen von Jugendlichen ernst. Die Jugendlichen von heute sind kritischer gegen vorgegebene Normen, Regeln und feststehende Abläufe. Sie suchen nach Argumenten und Begründungen und möchten ihr eigenes Urteil fällen und ihren eigenen religiösen Stil entwickeln. Vor diesem Hintergrund ist erklärbar, daß Taizé-Andachten, Thomas-Messen und Friedensgebete unter Jugendlichen auf Resonanz stoßen. Gleichzeitig ist dies eine Anfrage an die klassisch monologische Predigt, denn bei diesen Gottesdienstformen steht die Predigt nicht im Mittelpunkt, vielmehr stehen liturgische und meditative Elemente im Vordergrund.

Die Jugendpredigt soll helfen, neu über den Glauben nachzudenken; wie weit dabei auch Glaubensinhalte vermittelt oder gar neue Sprachmöglichkeiten des Glaubens wenigstens in Ansätzen entwickelt werden können, wird auch an der Dauer hängen, mit der eine Pfarrerin oder ein Pfarrer auf die Jugendlichen einwirken kann. Vielfach haben Jugendliche in einer Kultur, die in religiösen Fragen stumm geworden ist, eine Sprache für religiöse Themen gar nicht erst lernen können. Die vielbeschworenen Traditionsabbrüche sind in Familie und Gesellschaft gleichermaßen spürbar. Vielen Jugendlichen fällt es leichter über Sexualität zu sprechen als über ihre religiösen Vorstellungen.

Was zeichnet eine gute Jugendpredigt aus? Eine hörerorientierte Jugendpredigt hat keine Chance, wenn sie nicht packt, überrascht, ja unterbricht, die gängigen Erwartungen der Jugendlichen an eine Predigt über den Haufen wirft. Sie zollt der Spaßgesellschaft keinen Tribut, bleibt nicht oberflächlich und banal, ahmt keine schlechten Moderatoren aus TV und Hörfunk nach, sondern schürft tief nach Humor. Der Prediger bezieht Position, man weiß, was Ruckert von seinen jungen Leuten fordert, wohin er sie bringen will, am besten zu einem freien Spiel ohne Schiedsrichter. Das wäre nicht nur eine kleine Hoffnung, sondern eine große gesellschaftspolitische Vision. Manchmal aber wird das Anliegen der Predigt einfach darin bestehen, darauf aufmerksam zu machen, daß auch auf der Ersatzbank noch Leute sitzen.

Es ist sicher nützlich, mit Erzählungen und Beispielen zu arbeiten. Ein unkonventioneller Ansatz könnte eine Predigt zu einem aktuellen Kinofilm und Popsong sein, der Jugendliche bewegt. Grundlage einer Jugendpredigt kann aber auch ein besonders geschätzter Bestseller sein. Bücher über Harry Potter sind natürlich gerade »in«. In der Kategorie Jugendpredigt im Jahrgang 2002 des Predigtpreises aber finden sich auch andere kreative Beispiele. Ein freikirchlicher Pfarrer hatte den Kinofilm »Choco-

lat« ausgewählt und diesen unter der Frage nach der Freiheit des Evangeliums beleuchtet. Neben einer Liebesgeschichte steht die Frage im Mittelpunkt, ob ein Schokoladengeschäft in der Fastenzeit eröffnen darf.
Wider die Resignation der Prediger: Auch Jugendliche leben »nicht
vom Brot allein«. Entgegen der gängigen Einschätzung, daß Jugendliche
heute sich eher vom Wort abwenden und nicht bereit sind, einen längeren
Redebeitrag zu hören, finden sich in der *14. Shell Jugendstudie* drei Werte an
der Spitze, die auf verbale Kommunikation angewiesen sind. Freundschaft,
Partnerschaft, Familienleben sind Gemeinschaftswerte und Gemeinschaft
lebt von Kommunikation. Diese Werte können nicht ohne »das Wort«
praktiziert werden. Zu Freundschaft und Partnerschaft gehören Worte. So
kann die verbale Kommunikation in Jugendgottesdiensten durchaus dazu
beitragen, Jugendliche sprachfähiger zu machen, die Pflege der Jugendpredigt trägt dazu bei.

Lorenz-Radio (um 1950)   © Lina C. Schwerin, Hamburg

Helmut S. Ruppert

Die Radiopredigt als Medium der Verkündigung
Morgenandachten von Klaus Eulenberger

K ommunikation ist für das Christentum als Verkündigungsreligion geradezu konstitutiv. Neben der direktesten Form der Kommunikation, der persönlichen Verkündigung des Wortes Gottes durch die im Namen Christi dazu Beauftragten – etwa durch die Proklamation der Heilstat Gottes in der Predigt der Apostel –, hat mit den apostolischen Briefen an die jungen Christengemeinden auch schon in der Urkirche ein »Medium« seinen Platz in der Kommunikation eingenommen. Über die Handschriften der Väter mit vergleichsweise geringen »Reichweiten« kam dann im Zeitalter der Reformation und Gegenreformation mit der Erfindung des Buchdrucks der schriftlichen Kommunikation im Dienste der Verkündigung eine bis dahin ungeahnt große Bedeutung zu. Diese erhielt sich sogar fast unverändert bis ins beginnende 20. Jahrhundert. Die islamischen Definition des Christentums als »Buchreligion« war damit in zweifacher Hinsicht zutreffend: Zur Heiligen Schrift als Offenbarungsquelle kam jeweils das zeitgenössische »Printmedium« als wesentliches Instrument der Kommunikation und Verkündigung hinzu.

Gottes Wort auf der Datenautobahn. Im 20. Jahrhundert trat dann mit den Erfindungen Edisons, Bells, Marconis und später Nipkows zunächst die verdrahtete und die drahtlose Kommunikation – anfangs über das Wort und dann auch über das Bild – ihren Siegeszug um die Welt an: Telefon, Radio, Wort- und Bildtelegraph, Television in schwarz-weiß und in Farbe, und – vor dem Wechsel vom zweiten zum dritten Jahrtausend – die globale, digitalisierte Individual- und Massenkommunikation über die interkontinentalen Datenautobahnen des Internets, deren Nutzung heute praktisch weltweit möglich ist. Für viele Menschen in unserer säkularisierten Gesellschaft ergibt sich inzwischen auch die Wahrnehmung von Gott, Christentum und Kirche vor allem – oder sogar ausschließlich – aus dem medial Rezipierten. Eine besondere Bedeutung als Kontaktstelle zwischen Kirche und Gesellschaft kommt dabei unverändert der Radiopredigt im Hörfunk und dem Wort zum Sonntag im Fernsehen zu.

Die letzte repräsentative Untersuchung des Hörerpublikums bei den Morgenandachten im Rundfunk ist schon etwas älter; sie ergab in den achtziger Jahren, also vor etwa anderthalb Jahrzehnten, daß 45 Prozent der Hörfunknutzer – das waren zum Zeitpunkt der Erhebung zirka zwanzig Millionen – Rundfunkpredigten beiläufig oder gezielt hörten. Keine andere kirchliche Äußerung wurde damit auch nur annähernd von einer solchen Zahl von Menschen wahrgenommen wie Radionandachten. In den Grundzügen dürfte sich daran bis heute nichts geändert haben, wenngleich die damals ermittelten Zahlen heute einer erneuten Ermittlung und Verifizierung bedürften.

Radiopredigten seit achtzig Jahren. Die Radiopredigt hatte am Karsamstag 1924 Premiere in Deutschland, als im Berliner Vox-Haus der als »Großstadt-apostel« bekannt gewordene katholische Geistliche Dr. Carl Sonnenschein erstmals eine Rundfunkandacht hielt. Kurz darauf begann die frühere Süddeutsche Rundfunk-AG in regelmäßigen Abständen katholische Morgen-feiern auszustrahlen. Heute gibt es in allen öffentlich-rechtlichen und zahlreichen privaten Programmen Morgenandachten, Geistliche Impulse oder Worte in den Tag.

Jedes Medium verlangt, wie die für deren Inhalte verantwortlichen Rundfunkbeauftragten der Kirchen bei zunehmender Erfahrung im Umgang mit diesem Sendungstyp lernten, Beachtung der ihm eigenen Gesetzlichkeiten. Dies gilt zumal, wenn es sich um so flüchtige, in der Regel nicht wiederholbare Inhalte wie beim Hörfunk handelt – wenn man von reproduzierbaren Aufzeichnungen oder dem Versand der Manuskripte absieht. Zieht man zusätzlich die knapp bemessene durchschnittliche Sendezeit von zweieinhalb bis viereinhalb Minuten für den Wortanteil der Morgenandachten in Betracht, dann wird man die Radiopredigt zwar für eine schwierige Form der Wortverkündigung halten, aber aufgrund ihrer großen Reichweite zugleich auch für die chancenreichste.

Vollendete Fragmente. Diese – vom Format der Radio-Morgenandachten vorgegebene –»kleine Form« beherrscht Klaus Eulenberger meisterlich. Der 55jährige evangelische Theologe – lange Jahre als Pastor in der Gemeindeseelsorge tätig und seit 1997 als »Mentor« mit der Ausbildung künftiger Pastorinnen und Pastoren im Bereich Hamburg befaßt – zählt zu den bekanntesten und wohl auch erfolgreichsten Predigern im Bereich der Verkündigung über die Ätherwellen. Ihm wurde 2003 der Predigtpreis in der Kategorie »Morgenandacht« im Hörfunk für eine Reihe verliehen, die vom 22. bis 27. April 2002 unter dem übergreifenden Titel »Vollendete Fragmente« in den beiden Programmen »Radio 3« und »NDR 4 Info« des Norddeutschen Rundfunks ausgestrahlt wurde.

Die einzelnen Texte der Reihe stellt Eulenberger unter Überschriften, die in einem inhaltlichen Bezug zum Generalthema stehen: »Wer wird es fertig machen?«, »Abgebrochenes«, »Zerbrochenes«, »Zerstückeltes«, »Werdendes«, »Jemand wird es schon fertig machen« – inhaltlich eine aufsteigende Linie, die von einer beschädigten oder zerstörten Wirklichkeit bis zur vertrauensvollen Zuversicht im Abschlußtext führt. Dem »de profundis« folgt gewissermaßen »per aspera« der gläubige Blick »ad astra«.

Harmonie von Wort und Musik. Eine weitere Gemeinsamkeit liegt im jeweiligen Ausgangspunkt aller Predigten, nämlich im Bezug auf eine Kunstgattung. Führt in die erste Predigt eine Erzählung der Dichterin Marie-Luise Kaschnitz ein, so steht für die Homilie unter dem Thema »Abgebrochenes« der Hinweis auf nie vollendete Kunstwerke der Bildhauerei (die arm- und kopflose Skulptur der Nike von Samothrake) oder der Musik (Mozarts Requiem oder Bachs »Kunst der Fuge«). Die sinnliche Wahrnehmung eines Skulpturengartens mit teilweise beschädigten Bildwerken führt ein in den Text »Zerbrochenes«, und ein literarisches Werk, Thornton Wilders »Brücke von San Luis Rey«, eröffnet den Ausblick auf den Zuversicht verheißenden Schlußtext.

Verbindendes Element ist ferner die Einbeziehung des Wortes in die Musik Johann Sebastian Bachs. So reizvoll es gewiß ist, die Texte der Woche en suite auf sich wirken zu lassen und damit den Weg ihres Autors mitzugehen, der von der Unzulänglichkeit alles Irdischen ausgeht und zum

Helmut S. Ruppert

tröstlichen Vertrauen führt, daß einer da ist, der diese Unvollkommenheit letztlich ausgleicht und vollendet, so ist zugleich doch auch jeder Einzeltext mit geistlichem Gewinn zu hören. Für jeden Autor von Morgenandachten ist es nicht einfach, den Spagat zwischen Einzeltext und Reihe bei der Textkomposition zu bewältigen. Klaus Eulenberger hat dies in beispielhafter Weise geschafft.

Wie ging es mit Adam und Eva weiter? Rundfunkpredigten oder Morgenandachten sollen geistliche Impulse für den Tag – und möglichst darüber hinaus – geben; sie sollen fromm sein und gleichzeitig frei von »Bekehrungsimperialismus«. Sie sollen kirchlich, aber nicht frömmelnd sein, sie sollen verkündigen in einer Sprache die auch kirchenferne Hörer erreicht. Sie sollen zum Zuhören einladen (möglichst bis zum Ende!), und sie dürfen daher nicht langweilen. Eulenberger bewirkt das, indem er anfangs eine Geschichte erzählt oder referiert, die zum zentralen Gedanken der Predigt hinführt:

Die Dichterin Marie Luise Kaschnitz hat die Geschichte von Adam und Eva auf ihre besondere Weise weitererzählt. Sie hat sich gefragt: Wie war es wohl, als die beiden aus dem Paradies vertrieben waren? Lange Zeit wird es ihnen ziemlich schlecht gegangen sein; denn sie waren ja an das schwere Leben und an die Arbeit nicht gewöhnt. Die beiden Söhne haben ihnen, wie man weiß, nicht nur Freude gemacht.

Man gehört gespannt zu, wird doch zunächst einmal an Bekanntes angeknüpft. Fast jeder Hörer erinnert sich der Paradiesgeschichte, weiß aber auch, daß es die versprochene Fortsetzung in der Bibel so nicht gibt. Da der Mensch aber von Natur aus neugierig ist, möchte er wissen, wie es mit dem Ur-Menschpaar in der postparadiesischen Zeit denn nun weitergegangen ist: Für Adam aber, so meint die Erzählerin, könnte der schrecklichste Augenblick der gewesen sein, in dem er darauf kam, daß sie sterben müßten wie die Tiere. Von nun an konnte ihn nichts mehr erfreuen, weil ja nichts Bestand haben würde. »Was wir hier zurücklassen, ist unfertig und keinen Pfifferling wert«, sagte Adam in der Geschichte zu Eva. »Jemand wird es schon fertig machen«, sagte Eva. – »Die Kinder«, sagte

Adam streng, »sind träge und leichtsinnig. Sie wissen nicht, was arbeiten heißt, und werden elend zugrunde gehen« – »Es wird schon noch etwas aus ihnen werden«, sagte Eva.

Von der Parabel zur Wirklichkeit. Das von Marie Luise Kaschnitz mit dichterischer Freiheit weitergesponnene Kapitel der Genesis wird dann von Eulenberger mit einigen Worten in einen literaturhistorischen Zeitrahmen gestellt und bekommt seinen Sitz im Leben zugewiesen:

1952 ist diese Erzählung erschienen: eine Nachkriegsgeschichte. Es ist die Zeit, in der die Eltern anfangen, sich Sorgen um die Kinder zu machen. Es ist nicht mehr die Sorge, ob man sich und die Seinen vor dem Verhungern bewahren werde. Nein, die Elterngeneration fragt sich, ob die Jungen etwas taugen. Ob sie brauchbar sind für die großen Aufgaben, zu deren Vollendung es noch enormer Anstrengungen bedarf. Wahrscheinlich sind damals, zu Anfang der 50er Jahre, in Deutschland viele Gespräche geführt worden, in denen die Rollen ungefähr so verteilt waren wie in dem Dialog zwischen Adam und Eva. Die Väter warfen den Kindern Leichtfertigkeit und Verantwortungslosigkeit vor, die Mütter waren zuversichtlicher: Es wird schon noch etwas aus ihnen werden.

Der dritte Textabsatz stellt den biblischen Bezug her – freilich mehr implizit als explizit – und der vierte und abschließende Textteil die pastorale Ausdeutung. Dieses Kompositionsmuster hält der Autor konsequent durch. Jede der fünf Predigten kulminiert dann in einem Kerngedanken, den der Hörer als »Message« mit in den Tag nehmen kann:

Das Vertrauen der Eva hat sich im Lauf der Menschheitsgeschichte immer wieder bewährt. Man sieht es schon daran, daß sich die großgewordenen Kinder in jeder Generation selbst Sorgen machen wie Adam. Sobald ihre eigenen Kinder heranwachsen, sind sie als Väter voller Skepsis, ob noch etwas aus ihnen werden kann. Es ist genau dieselbe Skepsis, die eine Generation zuvor ihre Väter bestimmt hat. Sie aber haben längst Verantwortung übernommen; wäre es anders, würden sie sich ja keine Sorgen machen. »Jemand wird es schon fertig machen.« Darauf kann man sich immer noch einigermaßen verlassen, wenn man, als werdend, das Unfertige betrachtet.

Helmut S. Ruppert

Oder doch nicht? Sind die Kinder womöglich nicht interessiert an dem, was die Eltern auf den Weg gebracht haben? Haben sie oft keine Lust, es zu vollenden, und stecken sie ihre Energie lieber in die eigenen Projekte, die erst mit ihnen angefangen haben? Es ist schwer, das zu beurteilen. Die Geschwindigkeit des Lebens hat sich auf eine Weise beschleunigt, die viele ängstet. Man spricht inzwischen davon, daß die Kultur, die eine Generation prägt, alle sieben bis zehn Jahre durch eine neue ersetzt wird. Was innerhalb einer solchen Frist nicht zuende gebracht wird, würde also unvollendet bleiben: ein Torso, ein Fragment. Andererseits bleiben grundlegende Zusammenhänge unangetastet. Das Brot, das wir essen, muß ge-backen werden, und wer es nicht selbst backt, muß dafür bezahlen. Die Arbeit aber, die wir leisten, stellt nie das Ganze her.

Kein theologisches Oberseminar. Der Charakter dieses Textes ist nicht vordergründig und penetrant fromm, sondern er wirkt gewissermaßen unterschwellig durch seinen Inhalt. Der Autor vermeidet dabei einerseits den häufig praktizierten Fehler, sich einem säkularen Hörerpublikum durch einen theologisch unverbindlichen Liberalismus anzubiedern und erliegt andererseits auch nicht der Versuchung, sein eigenes fundiertes Wissen in einem hochgestochenen theologischen Oberseminar »Gassi zu führen«, also in theologisches Fachchinesisch zu verfallen, das wirksam nur Insider erreichen kann. Autoren von Rundfunkpredigten erliegen leider immer wieder der Versuchung, in ihre kurzen Texte zuviel Inhalt packen zu wollen. Nicht eine Kurzfassung der eigenen »Summa theologica« kann aber das Ziel der nur wenige Minuten dauernden Morgenandacht sein, vielmehr soll ein Gedanke konsequent verfolgt und ganz in Ruhe entfaltet werden – so wie dies Klaus Eulenberger in jedem der fünf Texte seiner Reihe beispielhaft realisiert hat. Die Analyse seiner Syntax und Sprache läßt die Texte dem Medium Rundfunk gerecht werden:

Die Verwendung des Präsens statt des Imperfekts, des Aktivs statt des Passivs, des Indikativs statt des Konjunktivs erhöht die Anschaulichkeit; der Verzicht auf Wortspiele dient der beabsichtigten Einfachheit. Die Vermeidung von jeglichem Pathos, vom klerikal vereinnahmenden »Wir« oder vom gönnerhaft anbiedernden »Du« (wie es vielfach in der Rundfunkverkündigung von Sekten üblich ist: »Gerade Du brauchst Jesus ...«) sowie von jeglichem pastoralen Tonfall kommen der Glaubwürdigkeit zugute.

Klischees vermeiden. Dem dient auch der Verzicht auf jede platte oder moralisierende Schlußformel (»Was will uns dieser Schriftvers sagen...«), auf die zu verzichten so manchem Autor hörbar schwerfällt. (Man möchte all denen, die solche Klischees bedienen, empfehlen, einmal aufmerksam der »Wort-zum-Sonntag«-Parodie des Humoristen Otto Waalkes über den Text des Schlagers »Theo, wir fahren nach Lodz« zu lauschen, die in ebenso treffender wie hintersinniger Art die Stereotypen von Radio- oder Fernsehpredigten aufspießt. Gleichwohl werden solche Sündenfälle immer wieder begangen und damit große Chancen vertan, diese weitreichende Sonderform kirchlicher Verkündigung *extra muros* hat!)

Stand der zitierte Text am Anfang der Reihe »Vollendete Fragmente«, für das »per aspera« des unvollendeten menschlichen Lebens, so schließt der letzte Text mit Gedanken der Hoffnung und Zuversicht. Wieder beginnt Eulenberger mit der gedrängten Wiedergabe eines Stücks Literatur:

Der amerikanische Schriftsteller Thornton Wilder hat sich im Jahr 1927 eine seltsame Geschichte einfallen lassen. Unter dem Titel »Die Brücke von San Luis Rey« ist sie als Roman veröffentlicht worden. Im katholischen Peru reißt am 20. Juli 1714 eine Hängebrücke, die über einen Fluß führt, und fünf Menschen stürzen mit ihr ab. Ein Mönch,. den beinahe dasselbe Schicksal getroffen hätte, macht sich daran, die Lebensgeschichten der fünf Verunglückten zu rekonstruieren. Er tut es in bestimmter Absicht. Er will den Nachweis führen, daß jeder verantwortlich ist für das, was ihn trifft. Eigentlich geht es dem Mönch darum, Gott von einem Verdacht zu reinigen, der hin und wieder auch fromme Seelen befällt: daß der Schöpfer willkürlich über das Leben der Geschöpfe verfüge. Nein, sagt der forschende Mönch, Gott hält sich konsequent an Recht und Gerechtigkeit, und die fünf ums Leben Gekommenen haben den Tod verdient. So wird der Theologe zum Mathematiker. Wenn seine Rechnung aufgeht, wird die Theologie eine exakte Wissenschaft und Gott glänzend rehabilitiert sein.

Diese Erzählung wird dann zunächst interpretiert: *Der Erzähler dieser Geschichte, der irgendwie an die prekären Berechnungen des Mönches gelangt ist, kommt zu einem ganz anderen, ja entgegengesetzten Schluß. Er berichtet, woher die fünf Verunglückten kamen und wohin sie unterwegs waren, und indem er es tut, erweist er jede Erwägung eines Zusammenhangs zwischen dem Unglück und individueller Schuld als unsinnig. Die fünf waren so liebenswert und eigensüchtig, so verschroben und hingebungsvoll, wie Menschen es eben sind, und nichts könnte gerade ihren Tod rechtfertigen. Am Ende kommt die kluge Äbtissin eines Klosters in Spiel. Sie nimmt noch einmal eine andere Beziehung auf zur Geschichte der fünf Menschen, die mit der Brücke abgestürzt sind.* »*Schon jetzt*«, *so denkt sie,* »*erinnert sich fast niemand mehr an sie*«. *Das aber, so überlegt sie weiter, ist das Schicksal aller Menschen:* »*Bald werden wir alle sterben, und alles Angedenken jener fünf wird dann von der Erde geschwunden sein, und wir selbst werden für eine kleine Weile geliebt und dann vergessen werden. Doch die Liebe wird genug gewesen sein; alle diese Regungen von Liebe kehren zurück zu der einen, die sie entstehen ließ. Nicht einmal eines Erinnerns bedarf die Liebe. Da ist ein Land der Lebenden und ein Land der Toten, und die Brücke zwischen ihnen ist die Liebe – das einzige Bleibende, der einzige Sinn.*«

Zielstrebig zur Kernaussage. Schließlich läuft die Predigt in nur knapp zehn Zeilen – gesprochen ist das nicht einmal eine Minute – auf ihre abschließende Kernaussage zu: Eine Botschaft des Vertrauens und der Zuversicht, zwei Fundamenten christlicher Hoffnung:

Was bleibt, ist nicht die Brücke über diesen oder einen anderen Fluß. Was bleibt, sind noch nicht einmal die Regungen von Liebe, sondern nur die eine Liebe, aus der sie hervorgehen. Dies ist wohl eine feine Anspielung auf Gott, der nun eben nicht mehr als ein Ordnungsprinzip verstanden ist, sondern als Ursprung und Ziel des Lebens. Die Liebe aber, die den Fluß überspannt, der die Lebenden von den Toten trennt, ist nicht berechnend. Sie ist frei, verschwenderisch, unvernünftig, willkürlich. Sie bringt das Lebendige hervor: das, was nie fertig wird, was nicht aufgeht und was nur bleibt, indem es sich immer wieder verwandelt. »*Was wir hier zurücklassen, ist unfertig*«. *Das ist wahr. Aber:* »*Jemand wird es schon fertig machen.*«

Klaus Eulenberger sagt es in einem anderen Text seiner Reihe so: »Das Ende ist offen für eine Vollendung, über die wir nicht bestimmen« – Worte, die der Hörer als geistlichen Impuls mit in den Tag nehmen kann.

Reinhard Schmidt-Rost

UKB – UltraKurzBotschaft
Tina Willms am Mikrophon

In der Werbung geht es gar nicht anders, in der Literatur wird sie als Aphorismus gepflegt, und in der Kirche sollte sie nicht möglich sein? Die UKB, die UltraKurzBotschaft? War nicht Jesus selbst ein Meister des kleinen Formats, meist unter 1:30? Kaum ein Gleichnis liest sich länger als sechzig oder neunzig Sekunden, ein »Ausreißer« ist die Geschichte vom »Verlorenen Sohn« mit vielleicht drei-vier Minuten.

Tina Willms, Pastorin in Hameln und mit dem Predigtpreis 2003 in der Kategorie »Morgenandacht« ausgezeichnet, verfügt über die wichtigste Ausrüstung für die UltraKurzBotschaft: Den »Ich sehe was, was du nicht siehst«-Blick, der einen Zusammenhang herstellt, wo niemand ihn bisher bemerkt hatte.

Eineiige Zwillinge sind Originale, jede für sich, selbst wenn sie beim Pop-Konzert an der Abendkasse den gleichen Stempel – zufällig auch noch mit der Aufschrift »Duplikat« – es hätte auch »Kopie« oder »Abschrift« heißen können – aufgedrückt bekommen. Selbst die gleiche Genstruktur ändert nichts an der Originalität einzelner Menschen.

Daß es mit der Geistesbrille für einen solchen Blick nicht getan ist, daß man dafür auch *Erfahrung* braucht und *Bildung*, christliche Bildung etwa, die das »Klonen von Menschen absurd und menschenverachtend« findet, man könnte es über der attraktiven Vorstellung zweier – natürlich – ansehnlicher eineiiger Zwillinge (»Das doppelte Lottchen« läßt grüßen.) fast vergessen. Und daß ein *Wortschatz* zur Verfügung stehen muß, kurz und knapp, das Bild denen zu deuten, die noch nichts verstanden haben ... aber: Nichts ist unmöglich ... !

Unter dem Titel »Originale« strahlte der lokale Sender »radio aktiv« in Hameln folgende Morgenanadacht von Tina Willms aus:

Sechzehn Jahre sind die Töchter meiner Freundin, eineiige Zwillinge, und zur Zeit gehen sie gern auf Konzerte. Bei meinem letzten Besuch hatte jede von ihnen einen Stempel auf der Hand: Duplikat. Dieser Stempel war die Eintrittskarte zu einem Konzert vom Abend zuvor.

Ich muß lächeln, ausgerechnet so ein Stempel auf der Hand der eineiigen Zwillinge, die identische Erbanlagen haben und genetisch gesehen so etwas ähnliches wie ein Klon sind.

Aber ein Duplikat? Nein, das kann man nun wirklich nicht sagen.

Jede von beiden ist ein Original, keine nur ein Abklatsch der anderen. Abgesehen von den unterschiedlichen Frisuren: Auch ihre Interessen und ihr Charakter ist sehr verschieden. Das merkt man schnell, wenn man sie näher kennen lernt.

Und doch hat dieser Stempel mich ins Nachdenken gebracht. Die ersten Menschen träumen ja schon davon, Duplikate von sich anfertigen zu lassen und sich klonen zu lassen. So könnten sie sich selbst der Nachwelt erhalten und in gewisser Weise ewig leben. Die Klone könnten weiterführen, was man selbst begonnen hat und nicht zuende bringen konnte.

Und die Wissenschaft scheint es möglich zu machen: Die ersten geklonten Tiere sind schon auf der Welt.

Ich selbst bin auch ein eineiiger Zwilling, genau wie die Töchter meiner Freundin. Trotzdem fühle ich mich als eigenständiger Mensch. Es sind doch nicht nur die Gene, die uns zu Originalen machen.

Mein Zuhause, die Menschen um mich herum, meine Erfahrungen, meine Entwicklung, meine Art, mit dem Leben umzugehen, meine Pläne und Träume: All das macht mich unverwechselbar.

Ich finde den Gedanken an geklonte Menschen absurd und menschenverachtend. Immer verbindet er sich mit der Idee, die Klone für eigene Zwecke mißbrauchen zu können. Sie dürften ihr Leben nicht selbst gestalten, keine eigenen Erfahrungen machen und nicht zu Originalen werden.

Uns macht doch aus, daß wir einzigartig sind, jede und jeder ein Original, das sich von allen anderen unterscheidet. Genauso sind wir von Gott gewollt.

Ebenso gehört es zu uns, daß unsere Lebenszeit begrenzt ist. Gerade das macht sie wertvoll und unwiederbringlich.

Der Stempel Duplikat gehört allenfalls als Eintrittskarte auf Menschenhaut. Und sonst ausschließlich aufs Papier.

Foto: Joram Harel Management, Wien

Der Körper predigt mit

Interview mit dem Pantomimen
Samy Molcho

Samy Molcho, Jahrgang 1936, in Tel Aviv geboren, ursprünglich Tänzer, seit 1957 mit zahlreichen pantomimischen Soloprogrammen auf Tournee, Regisseur, seit den siebziger Jahren Lehrtätigkeit, eröffnete 1977 in Wien die erste Pantomimenschule im deutschsprachigen Raum, Experte auf dem Gebiet der Körpersprache, zahlreiche Veröffentlichungen.

Professor Molcho, Kommunikation ist ein umfassendes Geschehen, das Sprache, Wortwahl, Gestik und Mimik umfaßt. Wie wichtig sind Gestik und Mimik ganz allgemein für die Kommunikation?

Sie sind sehr wichtig. Wir wissen aus der Forschung, daß verbale Kommunikation nur einen Anteil von knapp 20 Prozent am Kommunikationsgeschehen hat.

Alles andere ist nonverbale Kommunikation. Unser Gehirn arbeitet in Bildern. Und was in unserem Gedächtnis haften bleibt, ist das, was wir erleben und nicht das, was wir hören.

Sie fordern in einem Ihrer Bücher dazu auf, sich auf die Primärsprache zu besinnen, in der Geist und Tat eine Einheit bilden. Wann ist diese Einheit beim Menschen verloren gegangen?

Besonders die westliche Kultur ist sehr stark an der Logik ausgerichtet, weniger an Gefühlen. Die zunehmende digitale Kommunikation trägt dazu bei, daß wir uns in unserer Kommunikation von unseren eigenen Gefühlen entfernen, denn in der digitalen Struktur gibt es keinen Platz für Gefühle.

Wenn wir sprechen, dann sind Worte wie Absichtserklärungen. Und wenn ich rede, passiert etwas in meinem Körper. Wir vertrauen weit mehr auf das reale Geschehen, das wir erleben können, als auf eine Absichtserklärung, die wir hören. Körpersprache ist der Ausdruck unserer Wünsche, Gefühle, unseres Wollen und Handelns. Sie verkörpert in der Einheit von Geist und Tat unser Ich.

Das heißt: zurückzukehren zu diesem Ursprung bedeutet, sich grundlegend über die Mechanismen von Kommunikation Gedanken zu machen?

Genau darum geht es. Die Mechanismen sind im Grunde sehr einfach: Es kommt niemals nur auf die Sachinformation an, sondern auch darauf, wie sie vermittelt wird, ob jemand auch innerlich engagiert ist. Nehmen Sie folgendes Beispiel: Ich gehe in ein Geschäft und möchte eine Kamera kaufen. Was die Technik betrifft, so bin ich überhaupt nicht kompetent. Die Verkäuferin überzeugt mich von einer bestimmten Kamera, wenn sie sagt, daß sie diese selbst benutzt. Mit großer Wahrscheinlichkeit kaufe ich diese Kamera, obwohl ich mir nicht die Bilder angesehen und mich von der Qualität des Produktes überzeugt habe. Aber die persönliche Erfahrung der Verkäuferin gibt mir quasi eine Garantie, eine subjektive Objektivität, der ich glaube, vertrauen zu können.

Die Sprache des Körpers zu lesen, das bringen Sie in Ihrer Arbeit den Menschen seit Jahrzehnten bei. Wie lernfähig sind Menschen auf diesem Gebiet?

Es geht mir in meiner Arbeit darum, die Einsicht, daß der Körper immer mitspricht, wieder freizulegen und Hemmschwellen abzubauen, daß ich zu meinen Empfindungen stehen kann. Diese sind ein legitimer Teil von mir und kommen in jeder Begegnung mit anderen Menschen durch – ob ich will oder nicht. Und es geht darum, zu verstehen, welche Wirkungen sie auf meinen Gesprächspartner haben.

Das kann man lernen. Ich habe einmal in einem meiner Bücher geschrieben, daß der Körper der Handschuh der Seele ist. Der Handschuh für sich genommen – ohne Hand – ist leblos. Die Seele ist das, was den Handschuh bewegt. So verhält es sich auch mit dem Körper. Körpersprache zu lernen, ohne daß die Seele involviert ist – das ist allerdings nicht möglich.

In Mitteleuropa habe ich oft gehört, daß das, was in einem vorgeht, einen anderen Menschen nichts angeht. Warum? Weil es gegen mich benutzt werden kann, bekam ich zur Antwort. Ich frage mich, ob das, was in mir ist, amoralisch oder kriminell ist. Das kann es doch nicht sein. Und wenn es nicht so ist, wie kann man es gegen mich benutzen? Oder ein anderes Beispiel: Es heißt, man dürfe sich nichts wünschen, denn wenn ich das nicht erreiche, gelte ich als Versager. Ich finde so eine Einstellung schlimm. Sie lähmt jede Äußerung des Körpers, die nicht vorher genau durchdacht wurde. Seele und Körper, Weltanschauung und Bewegung gehen immer Hand in Hand. Alles, was wir tun, hat eine Botschaft.

Gibt es Berufe, für die besonders wichtig ist, auf die Körpersprache zu achten?

Selbstverständlich. Ich denke an Menschen, die in der Öffentlichkeit stehen, die eine Führungsposition ausüben und andere führen sollen. Um authentisch zu kommunizieren, muß ich wissen, wie mein Körper dem Gestalt geben kann, was ich will, daß deutlich wird: Was ich sage, das meine ich auch. Ein Beispiel: Wenn ich etwa von Freiheit spreche und mein Körper ist dominant, dann wirkt das nicht sehr überzeugend, weil meine Bewegung weit stärker ist, als das, was ich sage.

Kommen wir auf Pfarrer und Pfarrerinnen zu sprechen. Wie wichtig ist die Körperhaltung im Gottesdienst?

Der ganze Gottesdienst wird davon bestimmt. Der Körper predigt mit – ob ich mich vor dem Altar verbeuge, auf die Knie gehe, den Kopf neige. Jede Bewegung hat ihre eigene Botschaft. Wenn ein

Priester die Arme ausbreitet, aber sein Körper starr bleibt, dann vermittelt er nicht das Gefühl, daß er auch sein Herz öffnet. Die Geste mit den Händen bleibt leer.

Bei der Predigt ist der Zusammenklang von Rede und Stimme ganz entscheidend. Wir unterscheiden zwischen den Worten und der Stimme. Die Stimme ist die Gefühlswelle, die meine Worte trägt. In der deutschen Sprache läßt sich deshalb ganz wunderbar sagen, daß die Stimme die Stimmung macht. Und die Menschen spüren sehr schnell, ob Worte nur so dahin gesprochen sind oder ob der Prediger auch meint, was er sagt.

Was soll durch die Körpersprache eines Geistlichen vermittelt werden?

Das Wichtigste aus meiner Sicht ist, daß der Priester Empathie mitbringt, also die Fähigkeit, sich in sein Gegenüber zu versetzen. Was von einem Pfarrer erwartet wird, ist, daß er mich versteht, ohne gleich über mich zu urteilen. Er muß wie eine Mutter reagieren, deren Kind am Knie verletzt ist und es erst einmal in den Arm nehmen. Sie würde nie sagen: »Wo tut es weh? Am Knie? Ich hole Jod.« Und auch dies wäre nicht angebracht: »Warum bist du gerannt? Hättest du nicht besser aufpassen können?« Das In-den-Arm-nehmen und ein besorgtes Tut-es-sehr-weh?, das im wahrsten Sinne des Wortes Sympathie, Mitleid zum Ausdruck bringt, hilft in der Regel mehr als Jod oder jedes Pflaster. Dieses Verständnis wird auch von einem Pfarrer erwartet. Und das muß er nicht nur in Worte fassen, sondern mit seiner ganzen Körperhaltung spiegeln können.

Inwieweit prägt auch die Kleidung das Kommunikationsverhalten: Ein Arzt trägt einen weißen Kittel, ein Soldat trägt eine Uniform, ein Priester trägt einen Talar?

Sie kann positiv und negativ beeinflussen. Zunächst einmal läßt eine bestimmte Kleidung auf eine bestimmte Funktion schließen – ob im Hotel oder im Krankenhaus. Sie trägt zur Erkennbarkeit bei, kann aber auch auf Distanz halten, was eine negative Abgrenzung wäre. Die

Frage ist, ob ein Talar Nähe oder Distanz schafft. Das hängt nicht zuletzt von der Person ab, die ihn trägt. Ich kenne auch Priester im Anzug, die in ihrer Funktion sehr wohl identifizierbar sind, ohne Menschen auf Distanz zu halten. Und mancher Arzt geht heute bewußt im offenen weißen Kittel, um dem Patienten zu signalisieren, daß er nicht unnahbar ist.

Welchen Einfluß haben Farben auf das Kommunikationsgeschehen, etwa im Blick auf den schwarzen Talar in der evangelischen Kirche?

Man könnte selbstverständlich sagen: Auch Farben predigen. Schwarz bringt mit sich, ob man will oder nicht, das Dunkle, Geheimnisvolle, Unbekannte. Aber das wird ja in der evangelischen Kirche mit dem weißen Kragen, dem weißen Beffchen, kombiniert, was so viel bedeutet wie: da ist Licht, da ist Hoffnung.

Woran kann ein Geistlicher erkennen, wie er auf andere wirkt?

Der Beweglichkeit meines Körpers entspricht die Beweglichkeit meiner Gefühle. Das gilt, wie ich schon deutlich zu machen versuchte, ganz grundsätzlich für Kommunikation. Wie ich auf andere wirke, ist immer eine Entscheidung auf der Gefühlsebene. Das muß ein Pfarrer wissen. Das Gefühl ist eine Tatsache. Dabei geht es nicht darum, ob ich Recht habe, enttäuscht zu sein oder nicht. Erst einmal ich bin enttäuscht. Erst einmal muß man mich verstehen, daß ich enttäuscht bin. Danach kann man auch über Argumente diskutieren. Damit ein Gespräch gelingt, ist es wichtig, den anderen ausreden zu lassen und erst dann zu reagieren. Falle ich meinem Gegenüber ins Wort, reden wir im Grunde aneinander vorbei.

Was begünstigt oder beeinträchtigt im Gottesdienst noch die Kommunikation?

Gute beziehungsweise schlechte Mikrophone. In vielen Kirchen wird dazu übergegangen, so genannte Knopfmikrophone einzusetzen, die an der Kleidung befestigt werden. Das trägt dazu bei, daß man sich als Prediger bewegen kann und nicht auf einen Standort – etwa auf der Kanzel – festgelegt ist. Wer den Bewegungsspielraum nutzt und beispielsweise zwischen den Reihen hin und her gehen kann, sendet auch eine Botschaft aus: Ich spreche nicht von oben herab, sondern bin euch ganz nahe. Und bei den Zuhörerinnen und Zuhörern entsteht der Eindruck: Der ist einer von uns, wir stehen uns nahe, ich fühle mich angerührt.

Das Priesteramt steht in der evangelischen Kirche und in der anglikanischen Kirche auch Frauen offen. Wirken Pfarrerinnen anders als Pfarrer?

Eine Frau erinnert in gewisser Weise immer an Maria, die Mutter Jesu. Und diese Mutterrolle verheißt Verständnis, Gefühl. Bei einer Frau im Talar kann die Botschaft überkommen, daß sie mich mehr versteht. Aber manchmal brauchen wir auch die Vaterrolle, die Kraft symbolisiert, die starke Hand, die Probleme lösen hilft.

Sollen Pfarrer, sollen Priester Schauspielunterricht nehmen?

Das ist schwere Frage. Es kommt darauf an, was Sie unter einem Schauspieler verstehen. Wenn für jemanden Schauspiel Verfälschung bedeutet, so wird man ihm schwerlich empfehlen können, Unterricht zu nehmen. Ich sehe im Schauspiel genau das Gegenteil: Einer, der sich nicht mit seiner Rolle identifiziert, kann nicht glaubwürdig sein – ob als Pfarrer oder Arzt. Deshalb sage ich: Nur Mut, Schauspielunterricht ist sehr wichtig.

Die Fragen stellte Udo Hahn.

Frauen predigen anders

Interview mit der Regionalbischöfin
Susanne Breit-Keßler

Susanne Breit-Keßler, Jahrgang 1954, ist seit dem 1. März 2001 Oberkirchenrätin und Regionalbischöfin für München und Oberbayern. Sie steht an der Spitze des Kirchenkreises, der 13 Dekanats- und Prodekanatsbezirke mit 145 Kirchengemeinden und rund 575.000 evangelischen Christen umfaßt. Breit-Keßler ist Mitglied der Bioethik-Kommission der Bayerischen Staatsregierung, der Kammer für Theologie der Evangelischen Kirche in Deutschland (EKD), der Arbeitsgruppe »Protestantismus und Kultur« der ekd und des Beirates der EKD-Kommunikationsinitiative »Brücken bauen«. Zahlreiche Buchveröffentlichungen.

Frau Bischöfin, was zeichnet Ihrer Meinung nach eine gute Predigt aus?

Eine gute Predigt ist sprachlich ästhetisch und inhaltlich lebensnah – sie zieht Linien vom Detail hin zu den großen Horizonten, ist also eher induktiv statt deduktiv. Zeitgemäßheit und Aktualität spielen eine wichtige Rolle. Es braucht eine Sprache, die verstanden werden kann von rechts und von links, die dazu anregt, nachzudenken und bedächtig Gedachtes in die Tat umzusetzen. Sie verzichtet auf den Gestus der absoluten Besserwisserei, der für jede Form von Kommunikation tödlich ist. Eine solche Sprache verliert nichts von unaufgebbaren Inhalten, auf wir zu achten haben. Im Gegenteil – »wenn ihr nicht mit deutlichen Worten redet, wie kann man wissen, was gemeint ist? Ihr werdet in den Wind reden« (1. Korinther 14, 9).

Predigen Frauen anders als Männer?

Nicht alle Frauen, aber doch viele: Sie scheuen sich weniger, sehr konkret zu werden und sind in der Lage, Gedanken und Gefühle präzise und nachvollziehbar darzustellen.

Gibt es eine Erklärung für diese Unterschiede?

Archaisch gesehen sind Frauen die Hüterinnen des Feuers, die, die Leben und Lieben am Laufen halten, die Beziehungen intensiv eingehen und kultivieren. Sie haben nach Aussagen der Wissenschaftler offensichtlich ein Gehirn, das auf die Pflege von sozialen Kontakten eingestellt ist. Außerdem sind die, die jetzt predigen, immer noch so erzogen worden, daß sie sich fröhlich zu ihren Gefühlen bekennen dürfen – anders als viele Männer.

Was können Männer in diesem Zusammenhang von Frauen lernen – und umgekehrt?

Eigentlich ist nur individuell voneinander zu lernen – von guten Predigern oder Predigerinnen. Aber wenn man sich schon auf Generalisierungen einläßt, könnte man sagen: Männer dürften manchmal etwas mehr Mut zu ihrem geistig-geistlichen und seelischen Innenleben zeigen und davon auch etwas erzählen; Frauen sollen den Mumm haben, auch energisch politisch zu reden und große gesellschaftliche Entwürfe vorzulegen. Aber beides gibt es ja durchaus.

Was sollten Predigthörerinnen und -hörer über die Vorbereitung der Predigerinnen und Prediger wissen?

Nichts. Die Predigt muß so selbstevident, so überzeugend sein, daß die Zuhörenden merken:

Hier hat ein Mensch, der mitten im Leben steht, der sich zu seinen guten und schlechten Erfahrungen bekennt, in der Begegnung mit dem biblischen Wort Hirn und Herz gebraucht.

Predigthörerinnen und -hörer wissen aber, daß der Prediger/die Predigerin sich der Methoden bedient, die er/sie im Studium gelernt hat. Wie hilfreich ist dieses Repertoire aus Ihrer Sicht?

Mir ist die historisch-kritische Methode sehr wichtig, weil sie ein Licht auf die Zeit wirft, in der das der Predigt zu Grunde liegende Bibelwort entstanden ist. Es muß dann allerdings gelingen, den »garstigen Graben« der Geschichte zu überwinden, denn die Heilige Schrift hat überzeitliche Bedeutung – sie ist gewissermaßen verdichtete, kompakte Gottes- und Lebenserfahrung.

In diesem Zusammenhang bin ich auch ein Fan der psychologisch-analytischen Betrachtungsweise biblischer Texte. Sie sind sehr oft ein Spiegel der menschlichen Seele. Es ist einfach wunderbar, sich in ihnen mit den eigenen Schatten und den persönlichen Sonnenseiten zu entdecken. Zum »Bauchreden« darf diese Interpretation jedoch nicht verkommen – nach dem Motto: Ich rede nur von dem, was ich selbst erlebt habe. Das wäre eine verheerende Engführung, weil damit die Predigt einer völlig subjektivistischen Auslegung unterworfen wäre.

Als Bischöfin predigen Sie nicht nur häufig, sondern Sie sind auch selbst oft Predigthörerin. Was geht da in Ihnen vor?

Ich delektiere mich an geistvollen, zugleich intellektuell und emotional ansprechenden Predigten, die mir an irgendeiner Stelle Überraschendes, Neues bieten. Ich muß auch nicht der Meinung des Predigers oder der Predigerin sein – ich lasse mich gerne auf innere Diskurse ein, wenn nur die Argumentation gut ist. Völlig entnervt bin ich, wenn ich spüre: Hier hat jemand die Predigt einfach »hingehauen« und lieblos aus Sekundärliteratur abgeschrieben. Das verdirbt mir den ganzen Tag. Das hat Gottes Wort nicht verdient.

Die Fragen stellte Udo Hahn.

Predigen Katholiken anders als Protestanten?

Interview mit Pater Heribert Arens
(OFM)

H*eribert Arens, Jahrgang 1942, 1989-1995 Leiter des Noviziats der Ordensprovinz der Franziskaner, 1983-1989 und seit 1995 Provinzial der Sächsischen Franziskanerprovinz mit 23 Niederlassungen in Westfalen, Niedersachsen, Hamburg, Berlin und in den neuen Bundesländern, sowie Brüdern, die in anderen Kontinenten leben und arbeiten (Afrika, Brasilien, China,. Japan, Hl. Land). Zahlreiche Veröffentlichungen, darunter »Positiv predigen« und »Gott, du bist so menschlich. Beobachtungen und Meditationen zum Lukasevangelium«.*

Pater Arens, was zeichnet Ihrer Meinung nach eine gute Predigt aus?

Was ist eine »gute« Predigt? Gelegentlich, wenn ich eine Predigt höre, fühle ich mich gedrängt, auf den Prediger zuzugehen und ihm zu sagen: »Gut!« Dann will er auch wissen, warum. Das, was ich gut fand, kann sehr unterschiedlicher Natur sein.

So sage ich etwa »gut«, wenn mir die kommunikative Art des Predigers, mit seiner Gemeinde zu reden, gefallen hat, sein Blickkontakt, seine zuwendende Stimmführung, seine außersprachliche Kommunikation in Gestik und Mimik. Häufig sage ich »gut«, weil der Prediger mich vom ersten Moment an mit seiner Sprache und seinem Denken gepackt hat, so daß ich mein »Aha«-Erlebnis hatte, weil mein Interesse sofort geweckt war. Das gelingt meist, wenn der Prediger seine Gedanken auf dem Boden des konkreten Lebens wachsen läßt, oder auch, wenn er auf Texte zurückgreift, in denen dichterisch begabte Menschen

Lebenserfahrungen verdichtet haben. Manchmal schließt ein einziger Satz eine ganze Wirklichkeit auf, zum Beispiel der von Arnfried Astel: »Ich werde verfolgt. / Da mache ich einen Satz, / und entkomme.« (Notstand, Wuppertal 1969, 48), oder das Kurzgedicht von Hilde Domin: »Es knospt unter den Blättern. Das nennen sie Herbst.« (*Gesammelte Gedichte*, Frankfurt 2002, 293).

Gern sage ich »gut«, wenn ich spüre: Der Prediger hat sich gründlich vorbereitet. Die Mühe, die er der Predigt geschenkt hat, die Aufmerksamkeit für den Text, die Sensibilität für die Lebenssituationen seiner Hörerinnen und Hörer, die Freude an der Ausgestaltung des Textes lassen eine Predigt zur guten Predigt werden. Signalisieren diese Bemühungen doch Ehrfurcht vor dem Wort Gottes ebenso wie vor denen, die zuhören, und der Situation, in denen sie leben.

Gut ist für mich eine Predigt, wenn die »Bisoziation« gelingt, wenn der Predigttext und seine Deutung auf der einen Seite und das Leben der Hörer auf der anderen Seite zu einer Einheit zusammenwachsen und nicht beziehungslos nebeneinander stehen.

Ich erinnere mich, daß ich die Predigt eines Seminaristen zu besprechen hatte. Ich stand zwischen den Männern hinten in der Kirche. Der junge Prediger erzählte endlos eine Geschichte und deutete sie – und dann nahm er die »theologische Zielgerade«, indem er fragte: »Was hat das nun alles mit dem Evangelium von heute zu tun?« – und neben mir hörte ich einen Mann brummen: »Das frage ich mich auch.« Jede gute Predigt ist eine Inkarnation des Wortes in die Welt und das Leben von heute.

Es freut mich immer wieder, wenn ich merke, der Prediger/die Predigerin hat eine gründliche theologische Kompetenz. Mancher Predigt merkt man an, wann ihr Verfasser zum letzten Mal in ein Buch geschaut hat. Kompetenz und Wissen fasziniert und bereichert die Hörer. Wer »gute« Predigten halten will, hat mit der Verbindlichkeit zu leben, seine Weiterbildung und Kompetenzerweiterung zu fördern. Sonst wird seine Predigt über kurz oder lang zur »institutionalisierten Belanglosigkeit«, wie es Rudolf Augstein einmal kritisch formuliert hat.

Ebenso gehört für mich zu einer guten Predigt ein weiter, auch politischer Horizont. Einer guten Predigt möchte ich anmerken, in welchem Jahr und in welcher Situation sie gehalten wurde. Je »zeitloser« eine Predigt ist, desto belangloser ist sie. Auch wenn ein Prediger nicht in allen politischen, gesellschaftlichen, ethischen Fragen kompetent sein kann, man muß einer guten Predigt zumindest anmerken, daß sie um diese Fragen weiß.

Ich drehe meine Frage um und möchte von Ihnen wissen, was eine schlechte Predigt ist.

Eine schlechte Predigt zeichnet sich aus durch schlechte Vorbereitung und Flüchtigkeit; durch Überlänge, die meist nicht die Frucht überdimensionalen Wissens, sondern schlechter Vorbereitung ist (»Der Prediger hatte keine Zeit, sich kurz zu fassen!«); durch oberflächliche Sprache und Gedanken, denen man anmerkt, daß dem Verfasser die Lust an der Gestaltung fehlte; durch Biblizismus, der sich in langen exegetischen Ausführungen entlädt, ohne auf das Interesse des Hörers und auf dessen konkrete Lebenssituation zu achten; durch Planlosigkeit und Ziellosigkeit der Gedanken (»Worüber hat er/sie eigentlich geredet?«); durch fehlende kommunikative Kompetenz – ob Hörer in der Kirche sind oder nicht: dem Prediger merkt man das nicht an, »es« redet einfach blicklos und ungerichtet; durch eine oberflächliche Theologie, die Sprechakte des Behauptens und des plausiblen Vereinnahmens einer gründlichen theologischen Auseinandersetzung vorzieht; durch fehlende Anschaulichkeit und Bildhaftigkeit und vieles andere mehr.

Mit einer chassidischen Legende will ich abschließend noch einmal verdeutlichen, was eine Predigt zu einer guten Predigt macht: »Mein Großvater war lahm. Einmal bat man ihn, eine Geschichte von seinem Lehrer zu erzählen. Da erzählte er, wie der große Baalschem beim Beten zu hüpfen und zu tanzen pflegte. Mein Großvater stand und erzählte, und die Erzählung riß ihn so hin, daß er hüpfend und tanzend zeigen musste, wie der Meister es gemacht hatte. Von der Stunde an war er geheilt.« So muß man predigen!

Predigen katholische Priester anders als evangelische Pfarrerinnen und Pfarrer?

Nach meinem Eindruck: Ja!

Haben Sie dafür eine Erklärung?

Evangelische Pfarrerinnen und Pfarrer predigen im Normalfall länger als katholische. Das hängt mit dem liturgischen Stellenwert der Predigt zusammen, die im evangelischen Gottesdienst stärker im Mittelpunkt steht als im katholischen – auch wenn in der katholischen Kirche insbesondere da, wo freie Kirchenwahl möglich ist, wie etwa in Großstädten, durchaus viele den Gottesdienstort nach dem Prediger wählen. Aus diesem Grund werden evangelische Prediger und Predigerinnen die Gottesdienstvorbereitung mit dem Schwerpunkt Predigtvorbereitung verbinden. Mein evangelischer Kollege Jörg Kleemann hat mir vor Jahren einmal gesagt – mit meinen Worten wiedergegeben: »Ihr katholischen Prediger habt es gut. Wenn Euch die Predigt mißlingt, dann singt Ihr die Präfation etwas feierlicher und alles ist wieder im Lot. Wenn mir die Predigt mißlingt, ist der Gottesdienst mißlungen.«

Weiter nehme ich wahr, daß evangelische Predigerinnen und Prediger stärker als katholische biblisch predigen, das Wort der Schrift auslegen, ins tiefere Verständnis der Schrift einführen – je nach theologischer Beheimatung durchaus mit aktuellem Situationsbezug. Sie predigen stärker am Text entlang als ihre katholischen Kollegen, bei denen man sich – welch ein Verlust! – die weibliche Form noch ersparen kann, weil Predigen nur den Amtsträgern zusteht, und das sind Männer. Diese biblische Orientierung dürfte ihren Ursprung in der »sola-scriptura-Lehre« (Maßstab ist allein die Heilige Schrift) Luthers haben.

Katholische Predigt ist oft stärker katechetische und thematische Predigt, Predigt die den schnellen Transfer in die Situation sucht – leider nicht selten appell- und moraltriefend und in der Form, daß das Heil Gottes zwar zugesagt, aber an Bedingungen geknüpft wird. Bei solcher Predigt spielt die Tradition eine stärkere Rolle.

Nicht zu übersehen ist, daß die jüngere katholische Homiletik sehr stark mitgeprägt ist durch evangelische Homiletik, die sich in Namen verdichtet wie: Hans Dieter Bastian, Hans Werner Dannowski, Axel Deneke, Horst Hirschler, Ernst Lange, Jörg Kleemann, Peter Krusche, Manfred Josuttis, Gerd Otto und andere. Sie stehen gleichzeitig stellvertretend für eine Generation ökumenischer Homiletiker, die auf katholischer Seite Partner fanden wie Rolf Zerfaß, Franz Kamphaus, Elmar Bartsch und das Institut für Katechetik und Homiletik in München, Günter Lange, Ottmar Fuchs, Franz Richardt, Josef Schulte, das Redaktionsteam der Zeitschrift *Der Prediger und Katechet* und andere, die in der Arbeitsgemeinschaft evangelischer und katholischer Homiletiker zusammengearbeitet haben und es zum Teil noch tun.

Da bahnte sich in beiden Kirchen eine Predigtpraxis an, die der Frage den Vortritt läßt vor der Antwort, die Kreativität und Predigtarbeit als Auftrag an die Predigt versteht, für heute ein fünftes Evangelium zu schreiben, die die Person des Predigers einbezieht in den Prozeß der Predigt, die sich bewußt ist, daß jede Verkündigung nicht den Anspruch der Objektivität hat und darum des Dialogs bedarf.

Was können evangelische Theologinnen und Theologen von ihren katholischen Kollegen für die Predigt lernen – und umgekehrt?

Im Blick auf den ersten Teil der Frage übe ich Zurückhaltung. Das einzige, was ich – vor dem Hintergrund vor allem gelesener Predigten – sagen würde, ist: Kürze und Zielgerichtetheit. Aber lieber möchte ich antworten, was ich von evangelischen Predigerinnen und Predigern lerne: Ich lerne die Wichtigkeit einer gründlichen exegetischen Beschäftigung mit dem Text.

Ich selbst habe eine Tendenz zum »Skopus«, zur Sinnspitze der Perikope. Das ist zwar ein wichtiger Zugang zum Text, aber dabei geht auch manches verloren, was das Evangelium mit aufschließt. Die gründliche biblische Arbeit evangelischer Predigerinnen und Prediger erlebe ich in ihrer Fruchtbarkeit unter anderem bei ökumenischen Bibelwochen, in denen ich merke, wie viel Gemeindemitglieder von ihren kompetenten Pfarrerinnen und Pfarrern im Umgang mit der Bibel gelernt haben.

Ich entdecke bei evangelischen Predigerinnen und Predigern häufiger eine klare politische und gesellschaftliche Dimension der Predigt, die im katholischen Bereich eher verwaschen und schwammig ist. Diese klare Positionierung war zum Beispiel Kriterium, der hannoverschen Landesbischöfin Margot Käßmann 2001 den Predigtpreis zu verleihen. Nicht zuletzt die Vorgänge um die politische Wende 1989 zeigen meine evangelischen Kolleginnen und Kollegen mit klaren politischen und gesellschaftlichen Optionen, die sie biblisch fundieren. Auch wenn die Frage offen ist, in welchem Maß Predigt politisch sein darf, bleibt gleichzeitig unangefochten, daß sie auch politisch sein muß – ohne dabei den Gottesdienstraum zum Plenarsaal umzufunktionieren. Ich habe den Eindruck, daß evangelische Predigt hier kompetenter ist.

Weiter bewundere ich bei meinen evangelischen Kolleginnen und Kollegen, daß sie oft für zahlenmäßig kleine Sonntagsgemeinden viel Sorgfalt auf die Predigtvorbereitung verwenden. Das verdient meinen Respekt, verweist es doch auf eine große Ehrfurcht vor dem Wort Gottes ebenso wie vor den Gemeindegliedern. Ich ahne, daß wir Katholiken davon lernen können. Wir waren große und gefüllte Kirchen gewohnt – zumindest in vielen Regionen –, die einfach eine Herausforderung waren, in die Vorbereitung zu investieren. Wir erleben zur Zeit einen Schwund der Gottesdienstbesucher in historischen Dimensionen. Die Versuchung, die Predigt für die kleine Herde auf die leichte Schulter zu nehmen und dafür »die Präfation etwas feierlicher zu singen«, ist groß. Schnell wird da die Predigt zum oberflächlichen Aneinanderreihen von Allgemeinplätzen, die keinen Hörer vom Platz reißen, wenn sie ihn denn überhaupt auf die Plätze locken. Die Ehrfurcht vor dem Wort Gottes und der kleinen Herde in gleicher Weise, lerne ich Katholik im evangelischen Predigen.

Nicht zuletzt lerne ich den Reichtum kennen, den Predigerinnen verkörpern. Ich habe viele Predigten von Pfarrerinnen gehört und gelesen, die mich beeindruckt haben. Frauen haben einen anderen Zugang

zum Menschen und zum Wort Gottes als Männer. Sie wissen feinfüh-
liger die Sprache der Gefühle und Emotionen zu verstehen und zu deuten und vermögen darum sehr nah am Leben zu sprechen. Diesen
Reichtum enthalten wir uns in der katholischen Kirche vor. Ich frage
mich, ob das nicht Sünde gegen den Heiligen Geist ist!?

**Was sollten Predigthörerinnen und -hörer über die Vorbereitung der Pre-
digerinnen und Prediger wissen?**

Sie sollten wissen und noch mehr spüren, daß Predigerinnen und Prediger sich tatsächlich vorbereiten. Sie sollten wissen, daß der Prediger
zunächst selber Hörer ist, den Text wirklich meditiert und an sich persönlich heranläßt: Was ist die Heilsbotschaft für mich, der ich diesen
Text auslegen und deuten will – beziehungsweise oft muß. Wer nicht
betroffen ist, kann keine Betroffenheit bewirken. Wer nicht angerührt
ist, in dem entsteht kein Mitteilungswille, und wer keine Lust hat, mit-
zuteilen, der darf nicht erwarten, daß seine Botschaft Lust auslöst und
Glaubensfreude vermittelt – frei nach Bertolt Brecht. Die Predigthörer
sollten darauf achten, ob sie nur einen klugen oder auch einen betroffe-
nen Prediger hören.

Weiter sollten sie wissen, daß Verkündigung nicht die Einladung zu
einem Ausflug in die Vergangenheit ist, bei dem ich alte Ruinen und
gut erhaltene Mosaike betrachte und staunend bewundere, was damals
war, sondern daß die Botschaft im Heute ankommen will und soll, mit
mir, meiner Zeit und Situation ins Gespräch kommen möchte. Sie sollten darum wissen, daß zur Predigtvorbereitung das Studium der Medien, das »sich kundig machen« im Blick auf das, was unsere Gesellschaft bewegt, das Studium nicht theologischer Zusammenhänge genauso gehört, wie das Studium von Theologie und Heiliger Schrift.

Und sie sollten wissen, daß zur Predigtvorbereitung auch die -nach-
bereitung gehört – und daß sie darin eine Rolle spielen. Es ist erschre-
ckend, was Prediger von der Kanzel und vom Ambo aus alles sagen
können und offensichtlich dürfen, ohne daß einer der Hörer reagiert –
sei es mit anerkennender Rückmeldung, sei es mit kritischen Anfragen

und Ergänzungen, sei es mit der Kontroverse. Dank untätiger Hörerinnen und Hörer betreiben viele Prediger ein unangefochtenes Geschäft, in dem sie sich (zu!) viel leisten können – ohne Rede und Antwort stehen zu müssen. Daran sind auch untätige Hörer mit schuld und darum sollten Sie's wissen.

Sie selbst predigen häufig und sind auch oft Predigthörer. Was geht da in Ihnen vor?

Ich höre gerne Predigten. Ich habe Freude daran, mich von anderen in ihre Gedankengänge und -welten hineinziehen zu lassen. Wenn ich eine Predigt höre, dann bin ich ganz Hörer. Ich habe es mir abgewöhnt, Predigten als Kollege oder gar als Homiletiker zu hören. Ich will mir doch nicht selbst die Chance nehmen, durch berufsbedingte Blockaden Gutes zu erleben, Anregungen geschenkt zu bekommen, Ermutigung und Stärkung für meinen Glauben zu empfangen.

Wenn ich Predigten höre, dann versuche ich einfach nur Hörer zu sein. Das hat zwar einen Weg benötigt, dahin zu kommen. Gab und gibt es doch die dauernde Versuchung, als »Konkurrent« zu hören, der immer nur überlegt, wie er es machen würde, wenn er das gleiche Thema hätte, oder als »Jäger und Sammler«, der die Predigt eines anderen hört, um Ideen für die eigene Predigt zu finden, oder als »Komparativ« oder gar »Superlativ«, der sowieso alles besser machen würde. Ich bin einfach Hörer, der durch die Predigt eines anderen seinen Glauben lernen und vertiefen will, der sich ansprechen lassen will von Gott, der durch die Predigt spricht. Und wenn ich nachher die Gelegenheit habe, sage ich gern dem Prediger auch ein Wort, weil ich nicht zu den untätigen Hörern gehören möchte.

Die Fragen stellte Udo Hahn.

Plakette Predigtpreis, Bronze (Ø 15 cm)

Karsten Matthis

Der Predigtpreis des Verlags für die Deutsche Wirtschaft AG

Rednerpreise sind nicht ungewöhnlich. Insbesondere in angelsächsischen Ländern existieren zahlreiche Preise und erfreuen sich großer Popularität. In Großbritannien schreibt die renommierte *London Times* alljährlich einen »Predigtpreis« aus. Dieser Rednerpreis umfaßt nicht nur die christlichen Kirchen, sondern wendet sich auch an jüdische und islamische Geistliche.

Der Verlag für die Deutsche Wirtschaft, ansässig in Bonn-Bad Godesberg, sponsert den ersten deutschsprachigen Preis für die Redegattung Predigt seit 2000.

Der Wirtschaftsfachverlag gehört zu den zehn größten in seiner Branche in Deutschland. Das Verlagsprogramm umfaßt ein breites Spektrum: Existenzgründung, betriebliche Praxis, Geldanlage und Finanztips, Arbeitsrecht, EDV, Rhetorik und Kommunikation, Sozialmanagement und Gesundheit. Der Verlag für die Deutsche Wirtschaft verkauft seine annähernd 100 Produkte nicht nur in der klassischen Printversion, sondern auch als CD-Rom oder über das Internet. Mission des Verlages ist, Menschen publizistisch zu beraten.

Vor dem Predigtpreis hat der Verlag schon einen weiteren rhetorischen Wettbewerb ins Leben gerufen, den CICERO-Rednerpreis. Der CICERO-Rednerpreis wird seit 1994 alljährlich an herausragende Rednerinnen und Redner in Politik, Wirtschaft, Kultur und Wissenschaft verliehen.

Auch Theologen wie die Bundestagsvizepräsidentin Dr. Antje Vollmer MdB (1996), der ehemalige bayerische Kultusminister Professor Dr. Hans Maier (1999) und der ehemalige Stasi-Unterlagen-Beauftragte Joachim Gauck (2000) sind Preisträger des CICERO-Rednerpreises. Vor diesem Hintergrund war es naheliegend, an einen Preis zu denken, der sich an Predigerinnen und Prediger – Theologinnen und Theologen sowie Laien – aller christlicher Konfessionen richtet.

Die Zielsetzung des Predigtpreises wird in der Satzung in § 1 festgehalten: *»Der Preis wird verliehen für Predigten, die einen hervorragenden Beitrag zur Redekultur in den Kirchen im deutschsprachigen Raum leisten und u.a. durch ihren theologischen Gehalt, Erfahrungsnähe, biblische Fundierung und Glaubwürdigkeit überzeugen. Dabei sollen Reden aus den Bereichen anderer Weltreligionen, die in Deutschland vertreten sind, nicht ausgeschlossen werden. Die Predigten sollen die ethische Orientierung und die spirituelle Praxis fördern, sowie dem Dialog zwischen Kirche, Wirtschaft und Gesellschaft dienen. Mit dieser Auszeichnung soll die wichtige Rolle der Redekunst in der auf personale Kommunikation angewiesenen Kirche stärker ins kirchliche wie ins öffentliche Bewußtsein gerückt werden.«*

Der Predigtpreis ist ein nicht dotierter Preis. Die Preisträger erhalten als Auszeichnung eine Bronzeplakette, die im Kloster Maria Laach (Eifel) geschmiedet wurde, sowie eine große Vorlesebibel. Ausdrücklich sind Laien, die im Verkündigungsdienst einer Kirche stehen, zur Teilnahme am Wettbewerb eingeladen.

Der »Predigtpreis« wird in zwei Kategorien vergeben:

• Lebenswerk, für langjährige Verdienste in der Verkündigung sowie homiletischer Arbeit;
• Beste Predigt, für eine den Preiskriterien nach herausragende aktuelle Predigt.

Ferner gestattet es die Satzung, einen Sonderpreis zu vergeben. Diese Preise gab es im Jahr 2001 für eine Predigt zur Thematik der Bioethik und 2002 für eine besonders gelungene Jugendpredigt. Im Jahr 2003 wurde eine Sonderpreis für eine Morgenandacht im Rundfunk ausgelobt.

Ohne eine tatkräftige und kompetente Jury geht es nicht. Deshalb bat der Verlag im Frühjahr 2000 den Sprecher der Vereinigten Evangelisch-Lutherischen Kirche Deutschlands (VELKD), Oberkirchenrat Udo Hahn (Hannover), den Vorsitz der Predigtpreis-Jury zu übernehmen. Satzungsgemäß schlägt der Vorsitzende dem Verlag Personen vor, die die Jury bilden. Dem ökumenisch zusammengesetzten Gremium gehören Theologinnen und Theologen sowie Pädagogen und Publizisten an. Die Jury, die alljährlich neu berufen wird, arbeitet ehrenamtlich und tritt zwei- bis dreimal im Jahr zusammen.

Der Jury gehören im Jahr 2003 an:

- *Pater Heribert Arens*, OFM, Kloster Hülfensberg, Geismar / Thüringen; verantwortlicher Redakteur für den Bereich Kinderpredigt in »Der Prediger und Katechet« (Donauwörth)
- *Pfarrerin Cornelia Coenen-Marx*, Theologischer Vorstand der Kaiserswerther Diakonie, Düsseldorf, Herausgeberin der Monatszeitschrift »Chrismon« (Hamburg)
- *Pfarrer Oberkirchenrat Udo Hahn*, Vorsitzender der Jury, Vereinigte Evangelisch-Lutherische Kirche Deutschlands (VELKD), Publizist und Buchautor, Rethmar bei Hannover
- *Ulrike Krause*, Geschäftsführerin des Deutschen Evangelischen Frauenbundes e.V., Hannover
- *Helmut S. Ruppert*, Katholische Nachrichten Agentur (KNA), Chefredakteur, Pädagoge und Theologe, Buchautor, Bonn
- *Professor Dr. Reinhard Schmidt-Rost*, Lehrstuhlinhaber für Praktische Theologie an der Evangelisch-Theologischen Fakultät der Universität Bonn; Universitätsprediger
- *Ordinariatsrätin Therese Wieland*, Leiterin der Hauptabteilung »Kirche und Gesellschaft« im Bischöflichen Ordinariat der Diözese Rottenburg-Stuttgart, Stuttgart
- *Professor Dr. Jürgen Werbick*, Lehrstuhlinhaber für Fundamentaltheologie an der Katholischen Fakultät der Universität Münster, Mitglied der Schriftleitung *Prediger und Katechet* (Donauwörth)

sowie als Geschäftsführer und für den Verlag:

- *Karsten Matthis*, Dipl. Theologe, Leiter Lektorat Verlag für die Deutsche Wirtschaft, Bonn

In den Jahrgängen 2000 bis 2002 gehörten der Jury an:

* *Dr. Marlies Mügge,* Katholische Nachrichten Agentur (KNA), Ökumenische Information, Buchautorin und Publizistin, Bonn
* *Dr. Monika Nickel,* katholische Theologin und Pädagogin, Gilching bei München
* *Thomas Kabel,* Regisseur und Schauspieler, München
* *Prof. em. Dr. Dr. Ulrich Nembach,* Lehrstuhlinhaber für Praktische Theologie an der Georg-August-Universität Göttingen, Begründer der *Göttinger Predigten* im Internet.

Bereits im ersten Jahrgang des Wettbewerbes erreichten 100 Einsendungen von Predigerinnen und Predigern aller Konfessionen die Jury. Viele Einsender unterstützten ihre Bewerbung mit einem Tondokument auf Kassette oder Video. Überwiegend beteiligten sich »Profis« an den ersten drei Jahrgängen, also Pfarrerinnen und Pfarrer, Dozenten an Theologischen Fakultäten und Akademien sowie Religionslehrer. Von den in das Internet eingestellten Predigten im Jahr 2000 stammten 47 von Theologen und 19 von Laien. Die Mehrheit der Einsender war evangelisch. Hierbei ist jedoch zu berücksichtigen, daß verschiedene Freikirchen Doppelmitgliedschaften, also auch die zusätzliche Mitgliedschaft in einer evangelischen Landeskirche, gestatten. Von den im Internet veröffentlichten Predigten waren 40 von evangelisch-landeskirchlichen Predigern, 20 von römisch-katholischen Einsendern und sechs von freikirchlichen Predigern. Diese Tendenz hat sich in etwa fortgesetzt.

Auch im Wettbewerbsjahr 2002 nahmen mehrheitlich evangelische Teilnehmer an dem Wettbewerb teil. Allerdings nahm die Zahl der Predigten über die drei Wettbewerbsjahrgänge erheblich zu. 2001 wurden 200 Predigten und 2002 sogar 400 eingeschickt.

Erfreulicherweise beteiligten sich nicht nur Vertreter aus bundesdeutschen Landeskirchen und Diözesen, sondern auch aus dem deutschsprachigen Ausland bzw. Pfarrerinnen und Pfarrer von deutschen Gemeinden im Ausland.

Wer die Jahrgänge des »Predigtpreises« durchstreift, stellt rasch fest, daß die Predigten lebensnah und anschaulich sind und manches Vorurteil widerlegen, als sei Kanzelrede langweilig und nötige zum Kirchenschlaf. Wer die Internet-Seiten unter *www.predigtpreis.de* des Verlags für die Deutsche Wirtschaft aufruft, stößt auf eine ganze Reihe von Predigerinnen und Predigern, die ihr Handwerk verstehen. Auf der vom Verlag betriebenen Homepage werden jedoch nicht alle Predigten, sondern nur eine Auswahl veröffentlicht.

Die deutschsprachige Redekultur auf Kanzeln erscheint vielfältig. Dies beweist die Fülle der Predigtformen: Neben traditioneller Schriftauslegung finden sich erzählende Predigten, Hörfunkandachten, Jugendpredigten, Bildmeditationen und Predigten in Mundart neben experimentellen Dialogpredigten. Predigerinnen und Prediger setzen sich mit moderner Literatur auseinander oder reflektieren Inhalte aktueller Filme wie »Titanic« oder »Chocolat«. Neben politischen Predigten, die den 11. September 2001, das Blutbad am Erfurter Gutenberg-Gymnasium oder die PISA-Studie zum Thema haben, werden verstärkt meditative Predigten gehalten, die neue Zugänge zu den Hörern suchen.

Ein Zitat des evangelischen Pfarrers, Politikers und Publizisten Friedrich Naumann beschreibt, was die homiletische Arbeit der Kanzelredner auszeichnet: *»Die Rede ist eine Zwiesprache, bei der der eine spricht und die anderen hörend mitreden.«* Im Fokus ist der Hörer, seine Lebenssituation und seine Erwartungen.

Wer die Predigten der Preisträgerinnen und Preisträger der Jahre 2000 bis 2003 liest, erkennt schnell das Geheimnis einer guten Predigt: Es ist die Konzentration – neben der gekonnten Auslegung des Wortes – auf den Predigthörer. Der Predigthörer erwartet keine Predigt in dogmatischen Formeln, sondern eine erzählende, bisweilen unterhaltende und humorvolle Ansprache. Die Preisträger des »Predigtpreises« unterbrechen die gängigen Erwartungshaltungen der Zuhörer und vermitteln Denkanstöße.

Der Jury fiel es stets nicht leicht, aus der Vielzahl von Einsendungen und Vorschlägen die Preisträgerinnen und Preisträger auszuwählen.

Die Preisträgerinnen und Preisträger
des »Predigtpreises« 2000 bis 2003

Die erste Preisverleihung des »Predigtpreises« fand am 31. Oktober 2000 in der Bonner Schloßkirche anläßlich des 25-jährigen Jubiläums des Verlags für die Deutsche Wirtschaft statt.

Im Jahr 2000 wurde der Kabarettist *Hanns Dieter Hüsch* für sein Lebenswerk ausgezeichnet. Hanns Dieter Hüsch wurde 1925 in Moers am Niederrhein geboren. Nach dem Abitur in Moers studierte er zunächst in Gießen Medizin, dann aber ab 1946 Theaterwissenschaft, Literatur, Geschichte und Philosophie in Mainz. Bereits in seiner Studienzeit schrieb er die ersten Gedichte und Chansons. Seit dem sind 55 Programme, über 20 Bücher, über 20 Platten und ungezählte Funk- und Fernsehproduktionen entstanden.

Seit 1985 wohnt Hüsch in Köln. 1994 erhielt er den »Staatspreis« des Landes Nordrhein-Westfalen und 2000 den »Predigtpreis« des Verlags für die Deutsche Wirtschaft für seine meisterhafte Art, mit Sprache umzugehen, biblische Texte lebendig auszulegen und seine humorvolle Art, das Evangelium den Menschen nahe zu bringen.

Hanns Dieter Hüsch gelingt es in seinen Texten, unterhaltsam und ernst zugleich zu predigen, die Liebe Gottes zu den Menschen in Worte zu fassen, so daß es dem Predigthörer unter die Haut geht. Ein Prediger, der kritisiert, ohne abzukanzeln, und tröstet, ohne zu vertrösten.

Literatur: *Meine Geschichten. »Sie müssen bei uns im Schrank gesessen haben«*, Freiburg 1998; *Ein gültiges Machtwort. Alle meine Predigten*, Düsseldorf 2001.

Für eine herausragende Predigt im Jahr 2000 wurde *Pater Heribert Arens* OFM ausgezeichnet. Pater Arens wurde 1942 in Werl/Westfalen geboren. Seit 1961 gehört er dem Franziskanerorden an. Er studierte Philosophie und Theologie in Münster und Paderborn. 1967 erhielt er die Priesterweihe. Verschiedene homiletische Bücher, wie *Positiv predigen* (1977) und *Die Predigt vom menschenfreundlichen Gott* (1980), machten ihn in der theologischen Fachwelt bekannt. Von1975 bis 1983 versah er einen Lehrauftrag für Homiletik am Priesterseminar Paderborn. Gleichzeitig war er in der Krankenhaus- und Gesprächsseelsorge tätig. Seit 1978 ist er Mitglied in der homiletischen Fachzeitschrift *Prediger und Katechet* und verantwortlicher Redakteur für den Bereich Kinderpredigt. Von 1989 bis 1995 war Pater Arens Leiter des Noviziats der Ordensprovinz der Franziskaner; von 1983 bis 1989 und von 1995 bis 2002 Provinzial der Sächsischen Franziskanerprovinz mit 23 Niederlassungen in Westfalen, Niedersachsen, Hamburg, Berlin, in den neuen Bundesländern, sowie Brüdern, die in anderen Kontinenten leben und arbeiten (Afrika, Brasilien, China, Japan und Israel).

Literatur: *Gott, du bist so menschlich. Beobachtungen und Meditationen zum Lukasevangelium*, München 1982; *Predigten, die handeln helfen. Modelle für appellatives Predigen* (mit Hans Werner Dannowski), Gütersloh 1982.

Im Jahr 2001 ehrte die Jury zwei Preisträgerinnen und einen Preisträger: Für sein »Lebenswerk« wurde der Erfurter Bischof *Dr. Joachim Wanke* ausgezeichnet. Bischof Wanke hat die deutschsprachige Homiletik seit Jahren durch sein Wirken geprägt. Die Jury würdigte auch sein ökumenisches Engagement.

Joachim Wanke wurde am 4. Mai 1941 in Breslau/Schlesien geboren. Nach der Vertreibung lebte seine Familie in der thüringischen Stadt Ilmenau. Am 26. Juli 1966 empfing er von seinem Amtsvorgänger Bischof Hugo Aufderbeck im Mariendom zu Erfurt die Priesterweihe.

Am 26. November 1980 wurde er im Alter von nur 39 Jahren von Bischof Dr. Joachim Meißner zum Bischof geweiht. Nach dem Tod von Bischof Hugo Aufderbeck am 17. Januar 1981 trat er dessen Nachfolge an. Bischof Warnke ist Mitglied der Kommission für Fragen der Ökumene sowie Vorsitzender der Pastoralkommission der Deutschen Bischofskonferenz. Von 1995 bis 2001 war der Erfurter Bischof Vorsitzender der Arbeitsgemeinschaft Christlicher Kirchen (ACK) in Deutschland.

Karsten Matthis

Literatur: *Laßt uns das Licht auf den Leuchter stellen. Impulse für Christen*, Leipzig 2001; *Christen an der Schwelle zum dritten Jahrtausend.* Mit Beiträgen von Joachim Wanke, Norbert Ebertz u.a., Frankfurt 2000.

Für die »Beste Predigt« 2001 wurde die Berliner Pfarrerin und Journalistin *Barbara Manterfeld-Wormit* ausgezeichnet. Die Pfarrerin der Evangelischen Kirche in Berlin-Brandenburg hielt in der Kirchengemeinde Berlin-Lankwitz nach dem Urteil der Jury eine zeitgemäße Predigt mit Witz und Pfiff zu Lukas 5, 1-11.

Barbara Manterfeld-Wormit wurde 1968 geboren. Ihr Vikariat von 1996 bis 1999 absolvierte sie an verschiedenen Standorten, am Praktisch-Theologischen Ausbildungsinstitut Berlin, in der Genezareth-Gemeinde in Berlin-Neukölln sowie in der Kirchenfunkredaktion des Senders Freies Berlin (SFB). Seit 2000 ist die Theologin im Pfarrdienst sowie im Rundfunk tätig sowie Deutschlandkorrespondentin für die *Reformierte Presse Zürich* sowie den *Reformierten Pressedienst* der Schweiz.

Einen Sonderpreis erhielt 2001 die Landesbischöfin der Evangelisch-Lutherischen Landeskirche Hannovers, *Dr. Margot Käßmann.* Die Theologin wurde 1958 in Marburg/Lahn geboren und ist seit 1981 verheiratet mit Pfarrer Eckhard Käßmann. Das Ehepaar hat vier Töchter.

Nach ihrem Studium in Tübingen, Edinburgh, Göttingen und Marburg legte sie ihr Erstes Theologisches Examen in der Evangelischen Landeskirche in Kurhessen-Waldeck ab. Nach ihrem Vikariat war sie gemeinsam mit ihrem Mann Pfarrerin im Kirchspiel Spieskappel. 1989 promovierte sie bei Prof. Dr. Konrad Raiser an der Ruhr-Universität Bochum. Von 1990 bis 1992 war sie Beauftragte für den kirchlichen Entwicklungsdienst der evangelischen Kirche in Kurhessen-Waldeck. Gleichzeitig hatte sie Lehraufträge für Ökumene an der kirchlichen Hochschule Leipzig und an der Evangelischen Fakultät der Philipps-Universität Marburg inne. Frau Käßmann war von 1992 bis 1994 Studienleiterin am Predigerseminar der Evangelischen Akademie Hofgeismar. Bis Ende 1999 amtierte sie als Generalsekretärin des Deutschen Evangelischen Kirchentages. Seit dem 4. September 1999 ist sie Landesbischöfin der Evangelischen-lutherischen Landeskirche Hannovers. Einer breiten Öffentlichkeit ist sie durch ihre Rundfunkpredigten sowie durch ihre zahlreichen Buchveröffentlichungen bekannt geworden. Margot Käßmann wurde für eine Predigt zu Markus 16, 9ff. ausgezeichnet, da diese nach Ansicht der Jury in hervorragender Weise österliche Hoffnung mit protestantischer Zeitansage verbunden hat. In ihrer Predigt hatte sich die Landesbischöfin kritisch mit einer aktiven Sterbehilfe auseinandergesetzt.

Literatur: *Glauben nach Ground Zero*, Stuttgart 2003; *Was steht ihr da und seht zum Himmel. Predigten und Aufsätze*, Hannover 2002.

Im Jahr 2002 wurden drei Preisträger gewürdigt. Für sein »Lebenswerk« wurde *Professor Dr. Dr. Walter Jens*, Literaturwissenschaftler, Rhetoriklehrer, Kritiker und Schriftsteller, geehrt. Neben seinen Bibelübersetzungen ehrte die Jury mit dieser Auszeichnung das Lebenswerk von Walter Jens als Prediger auf Kirchentagen, Gemeinde- und Akademieveranstaltungen.

Jens wurde am 8. März 1923 in Hamburg geboren. Von 1963 bis 1988 war er Leiter des neu eingerichteten Lehrstuhls für allgemeine Rhetorik in Tübingen. Von 1976 bis 1982, sowie nach dem Tode von Martin Gregor Dellins bis 1989 war Jens Präsident des PEN-Zentrums der Bundesrepublik Deutschland. Von 1989 bis 1997 stand er als Präsident der Akademie der Künste in Berlin vor. Er ist Verfasser zahlreicher Hör- und Fernsehspiele. Insbesondere wurde der Germanist bekannt als Herausgeber des *Kindlers neues Literaturlexikon*, dessen 20 Bände von 1988 bis 1992 erschienen. Walter Jens ist Verfasser von zahlreichen Predigtstudien sowie Bibelübersetzungen, u.a. der *Römerbrief neu übersetzt* (2000). Auch durch Bibelarbeiten und Vorträge im Rahmen der Deutschen Evangelischen Kirchentage hat sich Jens einen Namen gemacht.

Literatur: *Pathos und Präzision. Acht Texte zur Theologie*, Stuttgart 2002; *Der Teufel lebt nicht mehr, mein Herr. Erdachte Monologe – Imaginäre Gespräche*, Stuttgart 2001; *Der historische Jesus. Tendenzen und Perspektiven der gegenwärtigen Forschung*, Berlin 2002; *Es begibt sich aber zu der Zeit. Texte zur Weihnachtsgeschichte*, Frankfurt 2002.

Für die »Beste Predigt« 2002 wurde der katholische Religionspädagoge *Dr. Thomas Meurer* ausgezeichnet. Nach dem Urteil der Jury hat Meurer in seiner Predigt den Hörern einen neuen Zugang zum Weihnachtsfest erschlossen.

Thomas Meurer wurde am 23. September 1966 in Münster geboren. Er studierte Katholische Theologie, Philosophie und Germanistik sowie orientalische Altertumskunde in Paderborn und Münster. 1983 legte er das Universitätsexamen in Katholischer Theologie ab und 1994 das Erste Staatsexamen für die Sekundarstufe I und II in Deutsch und Katholischer Religionslehre. Von 1994 bis 1999 war er Mitarbeiter im Seminar für Exegese des Alten Testaments der Westfälischen Wilhelms-Universität zu Münster. Im Jahr 2000 wurde Meurer im Fach Altes Testament promoviert. Seit Anfang 2000 ist er Assistent im Fach Katholische Religionspädagogik. Darüber hinaus arbeitet er Dozent in der Erwachsenenbildung und ist Ausbilder von Mitarbeiterinnen und Mitarbeitern des Kinder- und Jugendschutztelefons des Deutschen Kinderschutzbundes. Seit dem Sommersemester 2001 ist Meurer Lehrbeauftragter für Alttestamentliche Bibelwissenschaft und ihre Didaktik an der Philosophisch-Theologischen Hochschule der Kapuziner in Münster.

Literatur: *Bibel. Die 100 wichtigsten Daten und Begriffe.* Mit Esther Brünenberg, Gütersloh 2003; *Abschied, Trauer, Neubeginn. Erfahrungen mit Tod und Trauer. Begleitung auf dem Trauerweg (Lebensspuren)*. Mit Ida Lamp, Kevelaer 2002; *Von den »Zehn Geboten« den Kindern erzählt.* Kevelaer 2000.

Für eine originelle Jugendpredigt wurde der hessische Pfarrer *Ralf Ruckert* mit einem Sonderpreis geehrt. Die Predigtcollage »Jesus und Fußball« wurde von der Jury als beste Jugendpredigt 2002 ausgezeichnet.

Ralf Ruckert wurde am 2. Dezember 1970 geboren und wuchs zwischen Marburg und Kassel auf. Er studierte Evangelische Theologie in Marburg und in Kiel. Sein Vikariat absolvierte Ralf Ruckert in Waldkappel/Werra-Meißner-Kreis in Hessen. Von November 2000 bis Oktober 2001 war Ruckert Hilfspfarrer in dem ländlichen Kirchspiel Skaun bei Trondheim in Norwegen. Er versah seinen Dienst mit einem besonderen Zusatzauftrag für die Pilgerseelsorge an der Domkirche zu Trontheim. Seit dem November 2001 ist Ruckert für fünf kleine Dörfer am Rande des Knüllgebirges in Homberg/Efze zuständig. Zudem hat er den Auftrag zur Seelsorge an Kriegsdienstverweigerern und Zivildienstleistenden in der Region Fulda/Hersfeld.

Im Jahr 2003 wurde Schwester *Isa Vermehren* RSCJ für ihr Lebenswerk geehrt. Die Bonner Ordensfrau hat als erste Katholikin über zwölf Jahre »Das Wort zum Sonntag« gesprochen und maßgeblich geprägt. Isa Vermehren, 1918 in Lübeck geboren, war in der Zeit des Nationalsozialismus als Kabarettistin, Sängerin und Schauspielerin in den Konzentrationslagern Ravensbrück, Buchenwald und Dachau interniert. Anfang der fünfziger Jahre trat sie ins Kloster ein und arbeitete u.a. als Schulleiterin in Bonn und Hamburg.

Literatur: *Bis zum letzten Akt. Ravensbrück, Buchenwald, Dahacu: eine Frau berichtet,* Reinbeck bei Hamburg ⁹2002.

In der Kategorie »Beste Predigt 2003« fiel die Entscheidung auf den Heidelberger Professor für Neues Testament, Dr. *Peter Lampe*, der den Preis für eine Predigt erhält, in der er die Schrecken des Irak-Krieges aufnimmt und aus christlicher Perspektive eine Antwort bietet. Lampe, Jahrgang 1954, studierte Evangelische Theologie, Philosophie und Archäologie in Bethel, Göttingen und Rom und war Stipendiat der Studienstiftung des Deutschen Volkes. Er lehrte Neues Testament u.a. in Bern und Kiel, ehe er 1999 nach Heidelberg berufen wurde.

Den Sonderpreis in der Kategorie »Morgenandacht« im Hörfunk bekommen Pastor *Klaus Eulenberger* (Rellingen bei Pinneberg) und Pastorin *Tina Willms* (Hameln) für herausragende Beiträge. Eulenberger wird für eine Andachtsreihe im Hörfunkprogramm des NDR ausgezeichnet, Frau Wilms für eine Andacht im lokalen Sender »radio aktiv« in Hameln. Eulenberger, Jahrgang 1948, war lange Jahre Gemeindepastor. Seit 1997 bildet er als Mentor angehende Pfarrerinnen und Pfarrer in Hamburg aus. Tina Willms, 1963 geboren, studierte Evangelische Theologie in Bethel und Heidelberg. Sie war Spezialvikarin und anschließend theologische Mitarbeiterin im Friederikenstift in Hannover. Als Pastorin war sie in Adenstedt, Sellenstedt und Grafelde, (Kirchenkreis Alfeld) tätig, bevor sie 1999 eine Pfarrstelle in Hameln übernahm. Zwei Jahre lang arbeitete sie als »Wort zum Sonntag«-Autorin für den Evangelischen Pressedienst (epd) in Niedersachsen.

Die Preise werden durch den Vorstand des Verlags für die Deutsche Wirtschaft verliehen. Die Preisverleihung findet alljährlich in der Bonner Schloßkirche, der Universitätskirche, statt.

Literatur: Reinhard Schmidt-Rost: *»Preiswerte« Predigt. Einige Bemerkungen aus Anlaß zweier deutscher Predigtpreise*, in: *Informationes Theologiae Europae. Internationales Jahrbuch für Theologie*, hg. von Ulrich Nembach u.a., Frankfurt/Main 2001, 71-78; Homepage des Predigtpreises: **www.predigtpreis.de**; Homepage des Cicero-Rednerpreises: **www.cicero-rednerpreis.de**; Homepage des CMZ-Verlages: **www.cmz.de**; Homepage des Verlages für die Deutsche Wirtschaft AG: **www.vnr.de**.

Autorenverzeichnis

Coenen-Marx, Cornelia, Jahrgang 1952, Pfarrerin, Theologischer Vorstand der Kaiserswerther Diakonie, Düsseldorf.

Cornelius-Bundschuh, Jochen, Jahrgang 1957, Dr. theol., Pfarrer, Direktor des Predigerseminars der Evangelischen Kirche von Kurhessen-Waldeck, Privatdozent für Praktische Theologie an der Universität Göttingen, Hofgeismar.

Hahn, Udo, Jahrgang 1962, Oberkirchenrat, Pressesprecher der Vereinigten Evangelisch-Lutherischen Kirche Deutschlands (VELKD), Hannover.

Matthis, Karsten, Jahrgang 1959, Diplom-Theologe, Leiter Lektorat, Verlag für die Deutsche Wirtschaft, Bonn.

Ruppert, Helmut S., Jahrgang 1944, Chefredakteur, Katholische Nachrichten-Agentur (KNA), Bonn.

Schmidt-Rost, Reinhard, Jg. 1949, Dr. theol., Dipl. psych., Professor für Praktische Theologie an der Evangelisch-Theologischen Fakultät der Rheinischen Friedrich-Wilhelms-Universität Bonn und Universitätsprediger.

Werbick, Jürgen, Jahrgang 1946, Dr. theol., Professor für Fundamentaltheologie an der Katholisch-theologischen Fakultät der Westfälischen Wilhelms-Universität Münster.

Namenregister

Namenregister

Molière 34

Mozart, Wolfgang Amadeus 107

Mügge, Marlies 140

Naumann, Friedrich 141

Nembach, Ulrich 140, 148

Nickel, Monika 140

Nietzsche, Friedrich 50

Nipkow, Paul Gottlieb 105

Raiser, Konrad 144

Ruckert, Ralf 89ff., 146f.

Ruppert, Helmut S. 139

Schmidt-Rost, Reinhard 139, 148

Schwerin, Lina C. 104

Shakespeare, William 34

Sonnenschein, Carl 106

Stenger, Marc 42, 45

Stuhlmacher, Peter 26

Theissen, Gerd 70

Tucholsky, Kurt 49

Vermehren, Isa 147

Vogel, Heinrich 30

Vollmer, Antje 137

Waalkes, Otto 111

Wanke, Joachim 41ff., 143

Werbick, Jürgen 139

Wieland, Therese 139

Wilder, Thornton 107, 111

Wille, H.-D. 57

Willms, Tina 113f., 148

Das Register wurde nach den Vorgaben der Autoren von Winrich C.-W. Clasen erstellt.

Bitte beachten Sie auch die folgenden Seiten.

Michael Meyer-Blanck
Walter Fürst (Hg.)

**Typisch katholisch
Typisch evangelisch**

Ein Leitfaden für die Ökumene im Alltag

1. Auflage 2003
2. Auflage 2003 (9.-14. Tausend)

376 S., 19 Farbtafeln, Namen- und Sachregister,
13,5 x 21 cm, kartoniert € 14,90

ISBN 3-87062-059-5

In Zusammenarbeit
mit dem Verlag Herder, Freiburg.

Michael Meyer-Blanck / Walter Fürst (Hg.)

Typisch katholisch
Typisch evangelisch

Ein Leitfaden
für die Ökumene
im Alltag

HERDER
cmz

Das vorliegende Buch versucht, aus dem jeweils "Typischen" der beiden großen christlichen Konfessionen das beide verbindende Christliche in seiner oft bereichernden Vielfalt und komplexen Einheit zu erkennen.

17 Themen behandeln das ökumenische Miteinander, angefangen vom gemeindlichen Alltag (z.B. Kirchenbesuch und Gestaltung des Kirchenraums) über das Kirchenverständnis (z.B. "Eucharistie / Abendmahl") bis zur Glaubenslehre (z.B. "Schuld und Vergebung" oder "Himmel, Hölle, Fegefeuer"). Jedes Thema wird von einem ökumenischen Autorenpaar bearbeitet; die evangelischen und katholischen Experten schreiben jenseits ihrer sonstigen Fachsprache gut lesbare Darstellungen von drei bis sieben Seiten aus der Sicht ihrer jeweiligen Konfession. Der ökumenische Alltags-Dialog soll damit – soweit das möglich ist – auch im Medium dieses Buches erkennbar werden. Jedes Kapitel wird mit einer kommentierten Abbildung aus der europäischen Malerei (von der Buchmalerei über Rogier van der Weyden bis zu Wassily Kandinsky) eingeleitet. Ein ausführliches Glossar am Ende des Buches erklärt typische Begriffe des konfessionellen Alltags – fragen Sie mal einen Protestanten, was eine Monstranz ist, oder einen Katholiken nach dem Losungsbuch.

Der Band bietet Orientierung, Profil und Vermittlung für haupt- und ehrenamtliche Christen in Gemeinde, Schule, Erwachsenenbildung und ist ideal zur Vor- und Nachbereitung des Ökumenischen Kirchentags 2003.

"Mit seinen unterschiedlichen Teilen, dem Mut, Fragen offen zu lassen, und der klugen Auswahl gehört das Buch unbedingt ins Vorbereitungsgepäck des Kirchentages, aber auch in die Hände aller, die Ökumene mitgestalten." *Rheinischer Merkur*

"Die Unterteilung in drei Schwerpunkte mit insgesamt 17 thematisch sortierten Kapiteln, die eingestreuten Interpretationen von Gemälden mit religiösen Motiven, ein zusätzliches "Kleines Lexikon des konfessionellen Alltags" sowie der gut sortierte Anhang tragen zu dem hohen Nutzwert ebenfalls bei." *Bergsträßer Anzeiger*

CMZ-Verlag • Zur Tomburg 17 • 53359 Rheinbach
Tel. 02226-912626 • Fax 02226-912627 • info@cmz.de

Clasen
Meyer-Blanck
Ruddat
(Hg.)

Evangelischer
Taschen
Katechismus

cmz

Winrich C.-W. Clasen
Michael Meyer-Blanck
Günter Ruddat (Hg.)

Evangelischer Taschenkatechismus

1. Auflage 2001, 2. Auflage 2002
3. Auflage 2002 (23.-32. Tausend)

400 S., 8 Farbtafeln,
Bibelstellen- und Sachregister,
13,5 x 21 cm, Fadenheftung, Lesebändchen,
Schutzumschlag, € 18,90
(kartoniert € 14,90)

ISBN 3-87062-055-2 kart.
ISBN 3-87062-056-0 geb.

In einer Zeit, da der Glaube aus der öffentlichen Diskussion zu verschwinden droht, ist es um so wichtiger, daß die Evangelische Kirche den Menschen gegenüber in ihrer Sprache und ihren Inhalten verständlich bleibt.

Der Evangelische Taschenkatechismus (ETK) versucht in fast 80 Stichworten zusammenzufassen, was zu wissen für Menschen wichtig ist, die sich als Christinnen und Christen verstehen oder die an Fragen des christlichen Glaubens interessiert sind. Die acht Kapitel des ETK gehen von der Kirchengemeinde aus und vertiefen deren Wahrnehmung dann durch die Glaubenslehre und durch die Bibel (Kapitel 1-3). Es folgt ein Blick nach innen auf Gottesdienst und Kirchenjahr (Kapitel 4 und 5) und ein Blick über die Kirchenmauern hinweg auf andere Religionen, Alltag und Gesellschaft (Kapitel 6-8).

Jeder Artikel umfaßt zwischen 4 und 6 Seiten, ist in verständlicher (Alltags-) Sprache geschrieben und enthält jeweils am Ende zwei Literaturhinweise auf aktuelle Titel zum gleichen Stichwort.

Der ETK ist eine Gemeinschaftsarbeit von theologischen und humanwissenschaftlichen Lehrerinnen und Lehrern aus der Hochschul- und Gemeindepraxis. Die Artikel sind dabei trotz der notwendigen Knappheit auf dem neuesten wissenschaftlichen Stand, so daß eine verläßliche Information möglich ist.

Mit dem ETK liegt nun eine aktuelle Bestandsaufnahme des protestantischen Glaubens in der Sprache von heute vor.

"Der Evangelische Taschenkatechismus füllt eine Lücke. Er hat das Zeug zum Standardwerk. [...] Es bleibt, daß die Herausgeber mit diesem Buch Maßstäbe setzen."
Rheinischer Merkur

"Verständliches ABC des Glaubens." *Bonner General-Anzeiger*

"Angesichts der Gefahr der Theologie, mehr und mehr eine Professorentheologie für Theologieprofessoren zu werden [...], ist das Buch ein wohllöbliches Unternehmen."
Theologische Literaturzeitung 7/8 (2002)

CMZ-Verlag • Zur Tomburg 17 • 53359 Rheinbach
Tel. 02226-912626 • Fax 02226-912627 • info@cmz.de

Athina Lexutt

Mit Luther durch das Jahr

Texte des großen Reformators für unsere Zeit

1. Auflage 2003 (1.-6. Tausend)

383 S., 12 Farbtafeln, Namen- und Sachregister,
11,5 x 18 cm, gebunden, Lesebändchen, € 14,95

ISBN 3-87062-057-9

In Zusammenarbeit
mit dem Gütersloher Verlagshaus

Ein tägliches Luther-Brevier für Gemeinde und Schule, für Theologen und Laien, für Studierende und Arbeitende, für den Unterricht und für die Lektüre daheim, für Glaubende und für solche, die es werden wollen.

Martin Luther hat uns kein systematisches Gedankengebäude hinterlassen, sondern in konkrete Situationen hinein gepredigt, gedichtet, Briefe geschrieben und Abhandlungen verfaßt. Genau diese Art, mit Themen umzugehen, greift dieses Buch auf. Zwölf Themenbereiche, auf die Monate des Jahres verteilt, führen in Martin Luthers Theologie ein.

Eine Farbtafel mit erklärendem Text steht jeweils am Anfang der zwölf Monate.

Auf den Jahreskreis und den Festkreis des Kirchenjahres bezogen, wurden Texte des Reformators ausgesucht, die das Wesen und die Konsequenzen der reformatorischen Erkenntnis beschreiben. Durch die zusätzliche Kommentierung erweist sich damit dieses Buch nicht nur als kurzweiliger Begleiter durch das Jahr, sondern auch als Kompendium lutherischer Theologie.

"Auch die Idee, mit Luther durch das Jahr zu geleiten, ist nicht neu. Aber wie dies in dem anzuzeigenden Buch von der Gießener Professorin für Kirchengeschichte Athina Lexutt gemacht wird, ist bemerkenswert. Denn hier werden nicht einfach für jeden Tag irgendwie passende Lutherzitate gesammelt, sondern das Ganze ist so angelegt, dass man am Ende des 'Luther-Jahres' einen aus Luthers Texten selbst gespeisten Eindruck von Luthers Denken, von seiner Theologie gewonnen hat. Den Monaten des Jahres sind Themen der Theologie des Reformators zugeordnet. [...] Und schließlich die sorgfältig ausgewählten Texte mit knappen Erläuterungen der Autorin; pro Tag etwa je eine Seite – das ist auch an stressigen Tagen gut zu schaffen."

VELKD Informationen Nr. 107 – 2003

CMZ-Verlag • Zur Tomburg 17 • 53359 Rheinbach
Tel. 02226-912626 • Fax 02226-912627 • info@cmz.de